Franziska Gehm

Fabelhafte Weihnachten

Franziska Gehm wurde 1974 in Sondershausen geboren. Nach ihrem Studium in Deutschland, England und Irland arbeitete sie bei einem Wiener Radiosender, an einem Gymnasium in Dänemark und bei einem Kinderbuchverlag. Heute lebt sie als Autorin und Übersetzerin mit ihrer Familie in München.
Weitere Bücher von Franziska Gehm:
siehe Seite 4.

Helmut Dohle ist freier Maler und Illustrator. Nachdem er jahrelang in einer Galerie gearbeitet hat, lebt er mittlerweile ausschließlich vom Malen. Die Welt der fantastischen Geschöpfe und Fabelwesen hat es ihm besonders angetan. Helmut Dohle lebt mit seiner Familie in Münster.

Franziska Gehm

Fabelhafte Weihnachten

Vierundzwanzig Vorlesegeschichten

Mit Illustrationen von Helmut Dohle

Von Franziska Gehm sind bei <u>dtv</u> junior außerdem lieferbar:
Dem Mammut auf der Spur (<u>dtv</u> junior Tigerauge)
Das Hexenkraut (<u>dtv</u> junior Tigerauge)
Tränenengel

Das gesamte lieferbare Programm von <u>dtv</u> junior
und viele andere Informationen
finden sich unter <u>www.dtvjunior.de</u>

© 2012 Deutscher Taschenbuch Verlag GmbH & Co. KG,
München
Umschlagkonzept: Balk & Brumshagen
Umschlagbild: Helmut Dohle
Lektorat: Anke Thiemann
Gesetzt aus der Arrus BT 12˙
Gesamtherstellung: Kösel, Krugzell
Gedruckt auf säurefreiem, chlorfrei gebleichtem Papier
Printed in Germany • ISBN 978-3-423-76068-3

Für meine Eltern.
Danke für viele fabelhafte Weihnachten
mit Glockenklang

Inhalt

Der Dachboden

Der Winterabend legt sein dunkles, frostiges Tuch über die Häuser der Stadt. Bald beginnt die heilige Nacht. Die Lichter in den Fenstern leuchten wie Katzenaugen. Vom Himmel tänzelt Schnee, feinem Puderzucker gleich, und legt sich lautlos auf Dächer, Autos und Straßen.

»Schneeflöckchen, Weißröckchen, bist du noch gescheit, du fällst aus den Wolken, meterhoch, Mordsfrechheit!«, klingt ein Lied durch eine kleine Straße. Eine Frau, die einen bananengelben Mantel und eine gurkengrüne Mütze trägt, schwingt einen Schneeschieber.

»Komm, mach dich vom Fußweg, sonst droht die Gefahr, Leute brettern zu Boden, Bein in Gips bis Frühjahr!«, singt die Frau und der Schneeschieber schürft röchelnd über den Gehweg. Das ist Jolas Mama.

Im Haus hinter ihr brennen Lichter. Ganz unten, wo Jola mit ihren Eltern wohnt, steht ein Rentier aus Holz im Fenster. Die rote Plastiknase blinkt alle paar Sekunden auf. In der Wohnung darüber, bei der dicken Betti und der dünnen Lotti, leuchtet ein Schwibbogen mit Kerzen im Fenster. In der dritten Etage steht ein Topf mit verdorrten Blumen auf dem Fensterbrett. Dort wohnt der Muffelmann mit seinem zotteligen Hund. Er reicht Jola bis zum Kinn. Der Hund, nicht der Muffelmann.

Ganz oben im Haus ist es finster. Dort ist der Dachboden.

In der Wohnung ganz unten ist es ganz hell. Festtagsbeleuchtung. Doch bevor der Weihnachtsmann kommt, muss Jolas Papa etwas reparieren. Er kniet vor der Musikanlage im Wohnzimmer, hat eine Brille und eine Stirnlampe auf. Er späht in den Schlitz vom CD-Spieler. »Da steckt was. Jola, gib mir bitte mal die Grillzange!«

Jolas Papa stochert mit der Grillzange im CD-Spieler. »Das sieht aus wie … wie einer von Oma Puddings buckelharten Weihnachtskeksen …«, murmelt er. »Aber wie kommt der denn da rein? Jola, hast du etwa …?«

Mehr hört Jola leider nicht. Sie muss ganz schnell ganz

dringend aus dem Wohnzimmer. Jola hat etwas Wichtiges zu tun. Sie muss dem Weihnachtsmann zeigen, wo es langgeht. Sonst kommt der nie und nimmer bei ihr an.

Opa Plum, der alle Bücher der Welt gelesen und alle Länder der Erde gesehen hat, hat Jola verraten, wie das mit dem Weihnachtsmann genau abläuft. Jola weiß Bescheid. Von wegen großer Schlitten, Rentiere und »Ho, ho, ho« an der Tür.

»Der Weihnachtsmann«, hatte Opa Plum geflüstert, »klettert in den Schornstein und rutscht holterdiepolter durch den Kamin ins Wohnzimmer.«

Wie immer, findet Jola, hat Opa Plum die einzig glaubhafte Erklärung. Es gibt nur ein Problem. In Jolas Wohnung ist kein Kamin. Wie soll der Weihnachtsmann also zu Jola kommen? Womöglich landet er bei Betti und Lotti, die ihn mit Kaffee, Kuchen und Geschichten vollstopfen, bis er nicht mehr aus dem Sessel kommt. Oder beim Muffelmann und seinem Zottelhund, mit dem er dann nächtelang Karten spielen muss. Mit dem Muffelmann, nicht mit dem Hund. Oder … oder er schafft es nur bis auf den Dachboden. Dort sitzt er fest wie der Weihnachtskeks von Oma Pudding im CD-Spieler.

Genau. So wird es sein.

Jola muss dem Weihnachtsmann helfen, und zwar schnell. Sie kramt in der Abstellkammer, wirft einen Lappen, eine Klobürste und einen Eimer beiseite. Schließlich bewaffnet sie sich mit einem Wischmopp. Nur für alle Fälle. Dann huscht sie aus der Wohnung in den Hausflur.

Sie nimmt zwei Stufen auf einmal und steht kurz darauf vor der Tür von Betti und Lotti. Jola lauscht. Betti redet laut und Lotti macht »Hm, hm«. Alles wie immer.

Wie ein Eichhörnchen flitzt Jola die Treppe zur dritten Etage hinauf. Die Moppfransen wippen bei jeder Stufe. Jola legt ein Ohr an die Muffelmann-Tür. Totenstille. Plötzlich bellt der Zottelhund direkt hinter der Tür. Jola zuckt zusammen und stürmt die restlichen Stufen zum Dachboden hinauf.

Vor der von Holzwürmern zerfressenen Tür bleibt sie stehen. Sie legt die Hand auf die Klinke und drückt sie langsam herunter. Gerade als Jola die Tür zum Dachboden öffnet, geht das Licht im Hausflur aus. Von einer Sekunde auf die andere ist es stockdunkel.

Mondlicht fällt durch ein kleines Fenster auf den Dachboden, gedämpft von einer Schneeschicht. Die Dunkelheit schluckt alle Farben. Die Welt ist auf einmal schwarz-weiß, wie auf den Bildern in Opa Plums Fotoalbum. Vorsichtig sieht sich Jola auf dem Dachboden um. Holzbalken ragen von der Decke bis auf den

11

Fußboden. Die Spinnweben in den Ecken scheinen aus märchenhafter Zeit. Die Dielen knarren.

»Weihnachtsmann?«, ruft Jola ins Halbdunkel. »Mach mal ›Piep‹!«

Doch niemand macht ›Piep‹. Noch nicht einmal eine Maus. Der Dachboden ist vollkommen verlassen. Und er ist ratzekahl leer. Bis auf einen Schrank, der so groß ist, dass die dicke Betti sich mit Lotti, dem Muffelmann und dem Zottelhund zusammen darin verstecken könnte.

»Hör mal, Weihnachtsmann«, sagt Jola, stemmt den Wischmopp auf den Boden und den anderen Arm in die Hüfte. »Falls du dich unsichtbar gemacht hast oder irgend so was Albernes, gebe ich dir eine letzte Chance. Ich zähle bis drei.« Jola holt Luft. »Eins.« Sie lässt den Blick durch den Raum schweifen. »Zwei.« Sie macht ein strenges Gesicht. »Drei!«

Nichts.

»Na schön. Weil heute Heiligabend ist, will ich mal nicht so sein. Ich zähle noch bis fünf weiter. Aber dann ist wirklich Schluss mit lustig.« Jola geht rückwärts auf die Tür zu. »V-i-e-r.«

Plötzlich knarrt etwas. Die Dielen?

Jola schielt nach rechts und links. »Uuuund … FÜNF!«

Jola erstarrt. Da murmelt jemand! Dann rumpelt es. Sofort sieht Jola zum Schrank. Er leuchtet von innen. Das Licht dringt aus den Ritzen hervor wie feiner Sand. Im ersten Moment will Jola davonlaufen. Doch dann presst sie die Lippen aufeinander, umklammert den Mopp mit beiden Händen, richtet die Fransen auf den Schrank und geht darauf zu.

Aus dem Schrank ist deutlich eine Stimme zu hören. »Weihnachtsmann? Hockst du im Schrank?« Bevor Jola es sich anders überlegen kann, zieht sie an den Türgriffen und die Türen öffnen sich. Vorsichtig steckt Jola den Kopf in den Schrank. Eine Sekunde später wird sie von Neugierde und Magie in den Schrank gezogen. In eine andere Welt.

1

»Bist du der Weihnachtsmann?«, fragt Jola. Sie steht nicht im Schrank, sondern in einem hohen Raum mit Holzboden, der von Kerzen erleuchtet ist. Vor ihr, in einem großen Ohrensessel, sitzt ein alter Mann. Sein Gesicht ist kaum zu erkennen, so zugewuchert ist es von seinen langen grauen Haaren und seinem dichten grauen Bart. Eine Zipfelmütze reicht dem Mann fast bis zur Nase.

»Sehe ich vielleicht so aus?«, brummt der Mann und schiebt die Mütze etwas höher, damit er Jola sieht.

Jola stützt sich auf den Wischmopp und legt den Kopf schief. »Ein bisschen schon.«

»Papperlapapp!« Der alte Mann steht auf. Er hat einen weiten, dunklen Kittel an. »Ich bin Wizardo, der größte Zauberer aller Zeiten!« Wizardo streicht sich über den Bart. »Na ja, zumindest war ich das, bevor ich meinen Zauberstab weggezaubert habe. Ohne Zauberstab

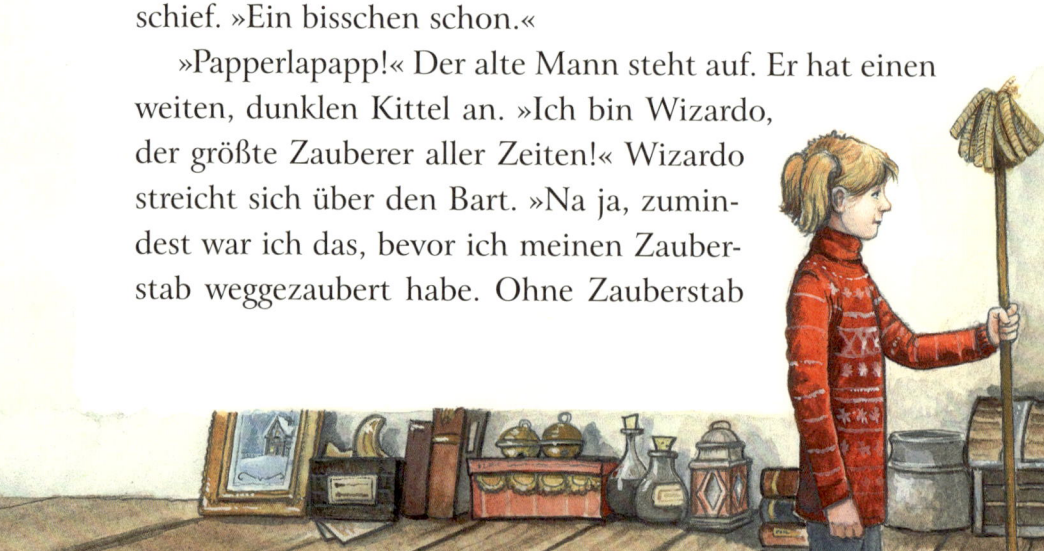

bin ich am Ende. Jedes Kind weiß, dass ein Zauberer zum Zaubern einen Zauberstab braucht.«

»Hab ich auch schon gehört.« Jola nickt.

»Jetzt habe ich alles schön weihnachtlich gezaubert«, Wizardo zeigt auf den Weihnachtsbaum, die Kerzen und den Teller mit Plätzchen, »und wollte mir gerade meine liebe, aber leider schon etwas altersschwache Frau Mama herbeizaubern, als ich merkte, dass mein Zauberstab weg ist. Es ist eine Katastrophe ohnegleichen!«, jammert Wizardo. »Weihnachten ohne meine Frau Mama ist überhaupt kein Weihnachten!«

Das versteht Jola gut. Sie würde Weihnachten auch nicht ohne ihre Mama feiern wollen. »Dann musst du deinen Zauberstab eben wieder zurückzaubern.«

»Ach ja?« Wizardo schnauft. »Und womit, bitte sehr?«

Jola überlegt. »Einen Ersatzzauberstab hast du nicht zufällig?«

Der Zauberer schüttelt den Kopf. Die Mütze rutscht ihm wieder über die Augen.

»Dann versuch es doch mal …«, Jola sieht sich im Raum um, »… hiermit!« Sie reicht dem Zauberer einen Schuhlöffel, der neben der Garderobe steht.

Wizardo sieht Jola zweifelnd an. »Damit ziehe ich meine Samtschuhe an.« Trotzdem nimmt der Zauberer den Schuhlöffel und richtet ihn auf eins der Plätzchen. »Hokuspokus, das Plätzchen wird zum Krokus!«

Doch den Gefallen tut das Plätzchen dem Zauberer nicht. Es zeigt sich völlig unbeeindruckt vom Zauberspruch und vom Schuhlöffel.

»Guck mal, wie ich zaubern kann«, sagt Jola und nimmt sich ein Plätzchen. »Hokuspokus, das Plätzchen wird gleich zum Genuss!« Sie stopft sich das Plätzchen in den Mund, kaut und macht »Hm!«.

»Sehr witzig«, sagt Wizardo, ohne eine Miene zu verziehen. »Willst du mir helfen oder nur meine Plätzchen futtern?«

»Ich finde bestimmt etwas, womit du deinen Zauberstab zurückzaubern kannst«, sagt Jola und streift durch das Haus des Zauberers. Sie sucht in der Küche, im Schlafzimmer und im Bad. »Es muss etwas Langes sein. Etwas …« Jola läuft zurück und tritt mit strahlendem Gesicht vor den Zauberer. »… Magisches!« Sie holt schwungvoll eine Klobürste hinter dem Rücken hervor.

Der Zauberer starrt auf die Klobürste, dann blickt er zu Jola. »Willst du mich verhohnepipeln?«

Jola schüttelt den Kopf und sieht den Zauberer aufmunternd an.

Wizardo seufzt. »Testen kann ich das borstige Teil ja mal.« Er nimmt die Klobürste in die Hand, richtet sie auf den Weihnachtsbaum und sagt: »Hokuspokus mit der Bürste, am Weihnachtsbaume hängen Würste!«

Doch der Weihnachtsbaum denkt gar nicht daran, sich von einer Klobürste verzaubern zu lassen. Kein einziges Würstchen erscheint an den Zweigen.

»Wusste ich's doch«, sagt Wizardo und wirft die Klobürste über die Schulter hinter das Sofa. »Zauberstab mit Borsten. Kann ja nichts werden.«

»Schade«, sagt Jola und genehmigt sich auf die Enttäuschung erst mal noch ein Plätzchen.

»Ich sag ja: Es ist eine Tragödie ohnegleichen.« Der Zauberer tupft sich mit dem langen Bart eine Träne aus dem Augenwinkel. »Kein Zauberstab, keine Frau Mutter, kein Weihnachtsfest. Von mir aus kann es morgen gleich mit Ostern weitergehen.«

»Nein!«, ruft Jola. »Du musst es noch einmal versuchen. Beim dritten Mal klappt es bestimmt. Das ist doch in allen Märchen so.«

»Ich bin ein Zauberer! Ich glaube nicht an Märchen«, brummt Wizardo.

»Hier«, sagt Jola und reicht Wizardo ihren Wischmopp. »Der letzte Versuch.«

»Na schön.« Wizardo hält den Wischmopp in die Höhe und murmelt beschwörend: »Hokuspokus mit dem Mopp, Zauberstab herbei, hopp, hopp, hopp!«

Jola und Wizardo starren auf den Mopp. Die Fransen hängen grau und traurig nach unten. Statt zauberhafter Funken rieselt nur eine Staubfluse langsam zu Boden.

»Das hat ja prima geklappt«, grummelt der Zauberer und lässt den Wischmopp zu Boden fallen. Der Mopp kullert unter den Weihnachtsbaum.

Jola kniet sich vor den Baum und streckt sich nach dem Wischmopp.

»Schuhlöffel, Klobürste, Wischmopp – wirklich, ganz tolle Ideen hattest du da«, murmelt der Zauberer.

»Ich hab ihn!«, ruft Jola.

»Gratulation. Einen Wischmopp findet man nicht alle Tage«, sagt der Zauberer, ohne aufzusehen.

»Nein. Ich meine doch deinen Zauberstab!« Jola drückt dem erstaunten Wizardo seinen Zauberstab in die Hand. »Er lag unter dem Weihnachtsbaum.«

»Mein ... du hast ... er ist wieder da!« Wizardo umarmt Jola und bedeckt den Zauberstab mit Küssen.

»Wenn du jetzt wieder zaubern kannst, darf ich mir da etwas wünschen?«, fragt Jola.

»Aber selbstverständlich!«

»Ich möchte zum Weihnachtsmann«, sagt Jola.

»Nichts leichter als das!«, ruft der Zauberer beschwingt und hebt den Zauberstab. »Hokuspokus aus vollem Rachen, Jola fliegt jetzt zu den ... oh, das reimt sich ja gar nicht ... hoppla ...«

Doch aus dem Zauberstab sprühen schon goldgelbe Blitze und ein Sternenschauer breitet sich im Raum aus. Jola ist umgeben von funkelndem Staub. Sie spürt den Boden unter den Füßen nicht mehr und merkt, wie sie davonschwebt. Als Letztes hört sie Wizardo rufen: »Viel Glück und danke ohnegleichen!«

2

Jola klopft sich den letzten Zaubergoldstaub vom Ärmel und sieht sich um. Sie sitzt im Halbdunkel. Der Fußboden ist kalt und aus Stein. Die Wände ebenso, sie wölben sich wie in einer Höhle. Wohnt hier etwa der Weihnachtsmann? Am Ende des breiten Gangs flackert Licht. Jola nimmt ihren Wischmopp, steht auf und geht zum Ausgang der Höhle.

Als sie sieht, was vor der Höhle los ist, hält sie vor Schreck die Luft an. Schnell zieht sie sich in den Schatten des Höhleneingangs zurück.

Vor der Höhle hat sich eine Herde Drachen versammelt. Sie schlagen mit den weiten Flügeln, entblößen

die spitzen Zähne und rollen die gespaltenen Zungen ein und aus. Ein Drache hält einen Spieß voller Essen in die Höhe und brutzelt ihn mit einem sprühenden Feuerstrahl aus seinem Maul. Eine Drachendame hat auf jeder ihrer gewaltigen, flossenartigen Rückenplatten eine Kerze stehen. Ein älterer Drache zündet die Kerzen mit einer großen Flamme aus seinem Maul der Reihe nach an.

»Oh Weihnachten, du schönes Fest, ein jeder Drache es krachen lässt!«, singt die Drachendame und alle anderen Drachen stimmen in den Gesang mit ein. Dabei schießt hier und da vor lauter Eifer eine Stichflamme aus einem Drachenmaul.

Die Drachen legen die Flügel übereinander, verhaken ihre Schwänze, singen und machen Feuerzungenbowle. Erst als die Drachen eine Gesangspause einlegen, hört Jola ein Schluchzen neben sich. Neben dem Höhleneingang sitzt ein Jungdrache. Er lässt die Flügel hängen, hat den Kopf auf die Vorderfüße gestützt und seine Augen sind gerötet.

»Furchtbar. Fuuuurchtbar«, jammert der Drache.

Jola zögert einen Moment. Doch je heftiger der Drache schluchzt, desto weniger hält sie es aus. »Wieso feierst du nicht mit den anderen?«, fragt sie schließlich.

»Ich hab Schnupfen.« Der kleine Drache schnauft geräuschvoll. Es klingt, als würde Wasser im Badewannenabfluss gurgeln.

»Schnupfen? Aber das ist doch nicht schlimm. Ich hatte schon tausendmal Schnupfen.«

»Schnupfen ist das Allerschlimmste, was einem Drachen in der Weihnachtszeit passieren kann.« Der kleine Drache macht ein sehr ernstes Gesicht.

Jola runzelt die Stirn. »Weil du dann die leckeren Weihnachtsdüfte nicht riechen kannst?«

»Nein. Wegen des großen Drachenfeuerwerks«, erklärt der Jungdrache. »Zu Weihnachten speien alle Drachen meterhohe Flammen und Feuerbälle in die Luft. Die Feuerbälle explodieren am Himmel und verwandeln sich in feinen Sternenstaub, in tanzende Kreise, glühende Herzen und sogar in

goldene Adler, fliegende Fische, Löwen und große Wagen.«

»Versteh ich trotzdem nicht«, sagt Jola. »Das Drachenfeuerwerk kannst du doch auch mit einer verstopften Nase angucken.«

»Stimmt. Aber dieses Jahr wurde ich unter allen Drachen auserwählt. Ich darf das große Weihnachtsfeuerwerk mit einer kräftigen Startflamme eröffnen. Das ist eine ganz große Ehre, weißt du.« Der Jungdrache holt tief Luft. »Aber mit einer Schnupfnase kann ich nie und nimmer eine kräftige Flamme in den Himmel speien. Sieh dir das doch an!« Der kleine Drache reißt sein Maul auf.

Jola weicht einen Schritt zurück.

Doch aus dem Mund des Drachen kommen nur ein paar graue Wölkchen. Er hustet. Dann lässt er die Zunge aus dem Maul hängen. »Furchtbar! Fuuurchtbar!«

»Oje, da muss man doch irgendetwas machen können!«, sagt Jola.

»Nichts kann man da machen. Weil meine Nase verstopft ist, habe ich nicht genug Puste zum Feuerspeien«, sagt der kleine Drache. »Also kann ich den Startschuss zum Drachenfeuerwerk nicht geben und das ganze Weihnachtsfest ist dieses Jahr verkorkst. Es ist furchtbar. Fuuurchtbar!« Der kleine Drache fährt mit einem Flügel über seine Nase.

»Wenn du einmal kräftig niest, ist die Nase bestimmt wieder frei«, sagt Jola. »Wir brauchen Niespulver.« Sie sieht sich um. »Geht sicher auch mit Erdkrümeln«, meint sie, hebt etwas Erde auf und streut sie dem Drachen in die Nase, bevor er etwas dagegen einwenden kann.

Er kneift die Augen zu. Er bläht die Nasenlöcher auf. Er wackelt mit dem Schwanz. Dann macht er leise und vornehm: »H-pfff!« Bis auf zwei kleine lila Dunstkringel kommt nichts aus der Nase. »Meine Nase ist so verstopft, dass ich noch nicht einmal richtig niesen kann. Es ist furchtbar, fuuurchtbar!«

Jola stützt sich mit dem Kinn auf den Wischmopp. »Ich hab's!«, sagt sie plötzlich und stellt sich mit erhobenem Wischmopp direkt vor den Jungdrachen. »Ich schrubbe deine Nasenlöcher, bis sie blitzblank sind.«

Der kleine Drache sieht zweifelnd auf den Wischmopp vor seiner Nase. Die Fransen sind grau und stehen nach allen Seiten ab.

»Meine Mama sagt, mit dem Mopp kommt man sogar in die kleinsten und versifftesten Ecken«, macht Jola dem Drachen Mut. »Außerdem hat mein Mopp schon bei einem Zauberer geholfen. Und dir wird er auch helfen.«

»Na gut«, sagt der Jungdrache, »aber bitte vorsichtig.«

Der Drache bläht die Nasenlöcher auf und Jola steckt den Wischmopp hinein. Erst in das linke Nasenloch, dann in das rechte. Sie schiebt den Mopp behutsam vor und zurück, dreht ihn hin und her und rüttelt leicht.

Der kleine Drache kneift die Augen zu. Es kitzelt furchtbar. Als Jola fertig ist, macht er die Augen wieder auf.

Jola spült den Wischmopp in einer Pfütze aus. »Und?«, fragt sie den Drachen.

Er atmet tief durch die Nase ein. »Wunderbar! Wuuunderbar!«, ruft der Jungdrache. »Meine Nase ist wieder frei!«

In diesem Moment rufen die anderen Drachen. Es ist Zeit für die Startflamme zum großen Feuerwerk.

»Spring auf meinen Rücken, mutige Drachennasenschrubberin!«, sagt der kleine Drache zu Jola. »Gleich speie ich die feurigste Startflamme, die den Himmel jemals erleuchtet hat.«

Jola klettert auf den Drachenrücken und klammert sich an den Hals des Jungdrachen.

»Das wird furchtbar, fuuurchtbar feurig.« Der kleine Drache breitet die Flügel aus und erhebt sich mit Jola auf dem Rücken in den dunkelblauen Himmel. Höher und höher steigen sie. Der Mond wird immer größer. Plötzlich reißt der Jungdrache im rasanten Flug sein Maul auf und eine gewaltige, golden und schneeweiß sprühende Flamme zuckt über den Nachthimmel. Geblendet vom gleißenden Licht verliert Jola den Halt auf dem Rücken und fällt … und fällt … und fällt …

3

Rumms!, landet Jola auf dem Hinterteil. Etwas pikt schrecklich unter ihrem Popo.

»Unser Esel!«, jammert jemand mit einer hellen Stimme neben ihr.

»Ich bin kein Esel. Ich bin Jola«, sagt Jola. Zu ihren Füßen stehen fünf kleine Wesen, ungefähr so groß wie Jolas Hand. Sie haben feine Flügel und in ihren Haaren funkelt Goldstaub. »Seid ihr Elfen?«

»Normalerweise schon«, antwortet die größte Elfe. Sie trägt eine Krone. »Aber heute sind wir die Heiligen Drei Könige.« Die Elfe zeigt auf sich und zwei andere Elfen, die neben ihr stehen. Eine Elfe hat sich Ruß ins Gesicht geschmiert. Die andere trägt einen Turban aus Gräsern. »Und das da«, fährt die Elfe fort und zeigt auf zwei junge Elfen, »sind Maria und Josef.«

Die Elfe, die Maria spielt, schaukelt eine Kastanienschale. »Und hier schlummert unser Jesuskind.«

Jola späht in die Kastanienwiege. Darin liegt ein Elfenbaby und nuckelt am Zipfel seines Flügels. »Verstehe. Ihr macht ein Krippenspiel.«

26

»Wenn du Riesenesel dich nicht auf unseren Esel gesetzt hättest, wären wir auch komplett und es könnte endlich mal losgehen«, brummt die Elfe mit dem Turban.

»Ja, wir wollen endlich anfangen!«, sagt die Josef-Elfe. »Erst das Krippenspiel, dann die Bescherung.«

Bei dem Wort »Bescherung« kribbelt es in Jolas Bauch. »Bescherung will ich auch!«, sagt sie und steht auf. Dort, wo sie eben noch mit dem Popo auf dem Waldboden saß, liegt ein platt gedrückter Kiefernzapfen. »Ich kann doch den Esel spielen.«

»Wunderbar«, sagt die Elfe mit der Krone. »Also – fangen wir an. Vorhang auf!«

Zwei Elfen ziehen die Tannenzweige links und rechts beiseite. Erst jetzt kommt das Publikum zum Vorschein – es sind mindestens zwanzig Elfen. Sie sitzen, schweben oder hängen an Zweigen über dem Waldboden. Höflich klatschen sie mit Händen und Flügeln. Dann wird es still im Wald.

»Und so begab es sich, dass wir kurz vor dem großen weihnachtlichen

Elfen-Ringelpietz durch den Wald stapften«, beginnt die Josef-Elfe. Sie schwebt mit der Maria-Elfe, die das Elfenbaby auf dem Arm trägt, über den Waldboden.

»Wir müssen schnell eine Bleibe finden. Unser Elfenjesulein hat in die Windel gemacht.« Die Maria-Elfe hebt das Elfenbaby hoch und schnüffelt an seinem Popo.

»Ii-ah! Ii-ah!«, macht Jola. »Kommt in meinen Stall. Hier ist Platz für euch.«

»Pst!«, macht die Josef-Elfe. »Der Esel spricht nicht.«

»Och. Noch nicht mal ein bisschen?«, fragt Jola.

Plötzlich fängt die Maria-Elfe glasklar zu singen an: »Ihr Elfelein, kommet …«

»Nicht singen!«, ruft die große Elfe mit der Krone vom Rand. »Das hatten wir doch alles besprochen. Nicht singen!«

Doch die Maria-Elfe singt unbeirrt weiter.

Die Josef-Elfe marschiert mit der singenden Elfe im Schlepptau in den Stall.

»Hereinspaziert«, sagt Jola. »Wollt ihr was zum Knabbern?«

»Schweig, du Esel«, zischt die Josef-Elfe.

Die Maria-Elfe legt das Elfenbaby in die Kastanienwiege. Dann schwebt sie singend im Stall umher.

Die Josef-Elfe hält sich die Ohren zu und leiert ihren Text herunter: »Zwei Wandersleute suchen ein Bett. Wir sind frisch geduscht und auch nicht zu fett …«

Die Elfe mit dem Turban stolpert auf die Bühne und ruft: »Wir sind die drei Weisen aus dem Elfenland. Wie ich sehe, ist Maria nicht mehr bei Verstand!«

»Du bist doch noch gar nicht dran!«, zischt die Elfe mit der Krone und zieht die Elfe mit dem Turban am Umhang. Der Umhang löst sich, fällt zu Boden und die Elfe steht nur noch mit Turban und gestreiftem Badekostüm auf der Bühne.

Das Publikum kreischt vor Freude.

Jetzt schwebt auch die dritte Elfe mit dem rußverschmierten Gesicht zu den anderen. »Wir schenken dir Weihrauch, Gold und unsere Herzen – Schokolade gibt's nicht, hoffe, du kannst es verschmerzen.« Die Elfe hebt ihren Elfenstab und lässt feinen Elfenstaub auf die Kastanienwiege rieseln.

»Und jetzt ist Bescherung!«,

ruft die Elfe mit dem Turban, während die Josef-Elfe noch immer ihren Text herunterleiert, die Maria-Elfe singend über allen schwebt und Jola »I-ah, i-ah« macht.

»Halt! Das Krippenspiel ist erst vorbei, wenn ich meinen Auftritt hatte«, ruft die Elfe mit der Krone aufgebracht. Sie schwebt zur Kastanienwiege, streckt die Arme nach dem Elfenbaby aus und …

»AAAAHHH!«, schreit sie. »Das Jesulein ist weg!«

Ein Raunen geht durchs Publikum. Die Elfen recken die Hälse. Die Maria-Elfe vergisst vor Schreck zu singen und zu fliegen und landet in der leeren Wiege. Die Josef-Elfe sieht verstört zu ihr. Die drei Weisen aus dem Elfenland suchen die Bühne nach dem Elfenbaby ab. Sie heben jedes Blatt, jeden Zweig und sehen hinter jede Wurzel und hinter jeden Stein. Doch das Elfenbaby bleibt verschwunden.

Das Publikum ist begeistert. Noch nie war ein Krippenspiel so lustig und spannend.

Auch Jola sucht nach dem Elfenbaby. Das ist gar nicht so einfach, schließlich ist es nur so groß wie Jolas kleiner Finger. Sie sucht auf den Knien den Waldboden ab. Sie schiebt Zweige auseinander. Um Jola herum schwirren Elfen.

Gerade als die Elfe mit dem Turban an ihr vorbeischwebt, hört Jola ein merkwürdiges Geräusch. Es klingt wie eine Mischung aus Kichern, Gurren und Sabbern. Es klingt nach Baby!

Jola hält die Elfe mit dem Turban am Bein fest.

»He, du Esel, was soll das?«, beschwert sich die Elfe.

Jola späht auf den Turban. Gemütlich und weich gepolstert liegt dort das Elfenbaby. Es hat eine Kiefernnadel in der Hand und probiert, wie weit es sie in seine Nase stecken kann. Jola nimmt den Turban ab und legt das Baby damit zurück in die Kastanienwiege. »Das Elfenjesulein ist wieder im Stall!«, verkündet Jola.

Das Publikum jubelt. Die drei Weisen aus dem Elfenland, Maria-Elfe und Josef-Elfe fassen Jola an Händen und Beinen, schweben mit ihr eine Runde über den Waldboden, werfen sie dann in die Luft und rufen: »Hoch lebe unser Esel!«

Einen Moment hat Jola das Gefühl, sie könne fliegen wie eine Elfe. Doch plötzlich löst sich alles in nebliges Weiß auf. Eine Sekunde später sind die Elfen und der Wald verschwunden.

4

Eisiger Wind weht Jola ins Gesicht. Er sticht auf ihrer Haut wie tausend Tannennadeln. Zum Schutz hält sie sich den Wischmopp vor die Nase. Sie lugt über den Mopp hinweg und sieht nichts als Schnee. Jola dreht sich einmal um sich selbst. Berge aus Schnee, kilometerweit. Kein Baum, kein Haus, keine Straße.

Auf einmal hört Jola im Heulen des Windes Stimmen. Sie poltern tief und rau, wie Kohlen im Keller.

»Na warte, aus dir mache ich Monstermus!«

»Versuch's doch, Moppelmonster!«

Auf dem Gipfel eines Schneehügels tauchen zwei Gestalten auf. Sie sind viermal so groß wie Jola.

Die eine Gestalt ist kugelrund, hat ein Fell wie der Zottelhund, scharfe Krallen an Händen und Füßen und drei Augen. Sie stopft sich Unmengen von Plätzchen in den Mund.

Die andere hat grüne Haut, die von Pickeln übersät ist, nur ein Auge und eine lange Nase, die wie ein Schnabel aussieht. »Monster«, haucht Jola und vergisst, den Mund wieder zu schließen.

»Krallen weg von meinen Plätzchen, Zoppel!«, brüllt das Schnabelmonster. »Sonst, sonst …« Voller Wut tritt das Monster gegen ein Ungetüm aus Schnee.

»Nicht schon wieder, Schnickel«, poltert das zottelige Monster. »Jedes Jahr an Weihnachten baue ich das größte, hässlichste, schauerlichste Schneemonster und du machst es einfach kaputt!«

»Ach ja?«, sagt Schnickel. »Und

ich backe jedes Jahr zu Weihnachten dreihundertfünfzig Bleche voll Schoko-Zimt-Nougat-Vanille-Kokos-Buttercreme-Karamell-Marzipan-Monsterplätzchen, und kaum stelle ich sie zum Abkühlen in den Schnee, futterst du sie alle auf!«

»Dazu sind Plätzchen doch da!« Zoppel formt mit seinen Tatzen einen Schneeball, groß wie ein Kürbis, holt weit aus und schleudert ihn Schnickel entgegen. »Kawumm, Volltreffer!«

Schnickel schnauft und roter Qualm steigt aus seinen Ohren. »ES REICHT! Ich habe die Nase von deinen Unverschämtheiten voll!«

»Den Schnabel voll, meinst du wohl«, erwidert Zoppel.

Schnickel formt ebenfalls einen Schneeball und schleudert ihn auf Zoppel. Er landet mit einem Platsch auf dem mittleren Auge.

Zoppel reißt die anderen beiden Augen wutentbrannt auf. »Jetzt habe ich nur noch zwei Augen, wie sieht das denn aus?« Zoppel stößt vor Wut so doll die Faust auf die Hand, dass Funken fliegen. Dann nimmt er Anlauf und stürmt auf Schnickel zu.

Das einäugige Schnabelmonster geht in Kampfstellung. Es winkelt die von Pickeln übersäten Arme an und faucht.

Jola hält sich die Hände vors Gesicht, schaut durch die Finger und stößt einen kurzen Schrei aus. Da erst bemer-

ken die Monster sie. Mit zwei Monsterschritten sind sie bei ihr und beschnuppern sie.

»Bist du ein Weihnachtsmännchen?«, fragt Schnickel.

»Nee. Ein Mädchen.«

»Kann man dich fressen?«, fragt Zoppel. Sein Magen knurrt.

»Auf keinen Fall«, sagt Jola. »Ich bin … ähm … giftig, jawohl, ganz schrecklich doll giftig.«

»Schade.« Zoppel schiebt seine wulstige Unterlippe vor. »Und wenn ich nur ein klitzekleines Stückchen von dir abbeiße?«

»Monsterdonnerwetter noch einmal!«, ruft Schnickel. »Du bist so verfressen, dass du eines Tages noch anfängst, an dir selbst herumzuknabbern.«

»Ich bin überhaupt nicht verfressen«, behauptet Zoppel. »Du hast dieses Jahr zu wenig Weihnachtsplätzchen gebacken, deswegen bin ich nicht satt geworden.«

»Das ist ja wohl der absolute Gipfel der ungeheuerlichen Frechheiten!«, schnauft Schnickel.

»Mumpitz. Der Gipfel ist, dass du mein Schneemonster platt gewalzt hast!« Zoppel hebt drohend die Tatze.

Schnickel reckt ihm die Schnabelnase entgegen.

»Stopp!«, ruft Jola. »Wenn ihr streitet, kommt der Weihnachtsmann nicht.«

Zoppel und Schnickel sehen Jola verwirrt an. »Woher willst du kleiner Giftpilz das denn wissen?«, fragt Zoppel.

»Opa Plum sagt: ›Wer sich streitet, bekommt keinen

Besuch vom Weihnachtsmann.‹ Und was Opa Plum sagt, stimmt immer.«

»Deswegen war der Weihnachtsmann noch nie bei uns«, sagt Zoppel.

»Das ist alles deine Schuld!«, bellt Schnickel. »Weil du immer alle Monsterplätzchen wegfutterst!«

»Pah! Du machst doch immer mein Schneemonster platt!«, wettert Zoppel zurück und stößt Schnickel in den Schnee. Sofort rappelt der sich auf und stürmt mit dem Kopf voran auf Zoppel zu.

RUMMS! WONG! KNIRSCH!, macht es, als die beiden Monster aufeinanderprallen. Schnickel zerrt an Zoppels Fell. Zoppel beißt in Schnickels Schnabelnase. Schnickel kneift Zoppel in den Po. Zoppel stopft Schnickel Schnee in die Ohren.

»Jetzt streitet ihr schon wieder!« Jola rauft sich die Haare. Doch die Monster hören sie nicht.

»Du sülzwurstiger Läusemops!«, ruft Schnickel.

»Du puckelpickelige Nasengurke auf zwei Beinen!«, ruft Zoppel.

Die Monster ringen immer heftiger miteinander. Schließlich stürzen sie in den Schnee. Der Schnee knirscht. Der Erdboden wackelt. Die Monster brüllen. Schnickel bohrt seinen großen Zeh

in Zoppels Nase. Zoppel presst mit seinem Bauch Schnickels Schnabelnase platt.

»AUFHÖREN!«, ruft Jola. Die Monster haben sich so ineinander verkeilt, dass sie eine gigantische Monsterkugel bilden. Jola gibt der Monsterkugel einen kräftigen Schubs.

Dröhnend purzeln die Monster den Schneehang hinab. Je länger sie rollen, desto mehr Schnee bleibt an ihnen haften. Immer größer wird der Monsterschneeball. Als er am Fuße des Hangs endlich zum Stillstand kommt, gucken nur noch die beiden Monsterköpfe, die Hände und Füße heraus.

Jola rutscht den Hang hinab. »Das habt ihr davon: Gefangen in einem Monsterschneeball!«

Die Monster versuchen, sich aus dem riesigen Schnee-

ball zu befreien. Sie ächzen, grunzen und ruckeln. Doch vergebens. Sie stecken fest. Eine Weile rührt sich keiner. Dann schielt Zoppel über den dicken Schneeball. »Schnickel?«

»Hm.«

»Kannst du mich mal mit deinem großen Zeh am Bauch kratzen?«, fragt Zoppel.

»Wenn du mit deiner Fußkralle mal meine rechte Schulter massierst, gerne«, erwidert Schnickel.

»Hm« und »Oh« und »Ah«, machen die Monster, während sie einander kratzen und massieren. Allmählich wandelt sich das »Hm«, »Oh« und »Ah« in ein »Hoho«, »Hihi« und »Haha«.

»Ich bin kitzlig!«, ruft Zoppel.

»Ich auch!«, grunzt Schnickel. »Frohe Weihnachten, Zoppel!«

»Ebenso«, sagt Zoppel.

»Frohe Monsterweihnachten!«, ruft Jola. Sie freut sich so über die Monsterversöhnung, dass sie mit einem großen Satz in einen Schneehaufen springt … und verschwunden ist.

5

Der Schnee um Jola herum ist von einer Sekunde auf die andere weg. Sie liegt in einer dunklen, engen, muffigen Kiste. Oder ist sie zurück im Schrank auf dem Dachboden? Vorsichtig öffnet Jola den Deckel der Kiste und späht hinaus. Unter der Kiste liegt Stroh. Über die Wände flackert Kerzenlicht. Auf einem Steinfußboden stehen drei Särge. Jola stößt den Deckel ganz auf und steigt aus der Kiste.

»Seht, oh blutrünstige Freunde der Nacht! Das gar liebliche Christkindlein ist soeben auferstanden!«, ruft jemand mit einer Stimme, die wie eine Säge auf einer Regentonne kreischt.

Jola erstarrt und schielt nach oben. An der Decke hängen drei finstere Gestalten. Ihre Haut ist blass wie Ziegenkäse, ihre Augen funkeln rot im Kerzenschein, und als sie Jola anlächeln, kommen lange, spitze Eckzähne zum Vorschein. Vampire! Am liebsten würde Jola wieder in die Kiste kriechen. Erst da sieht sie, dass die Kiste ein klei-

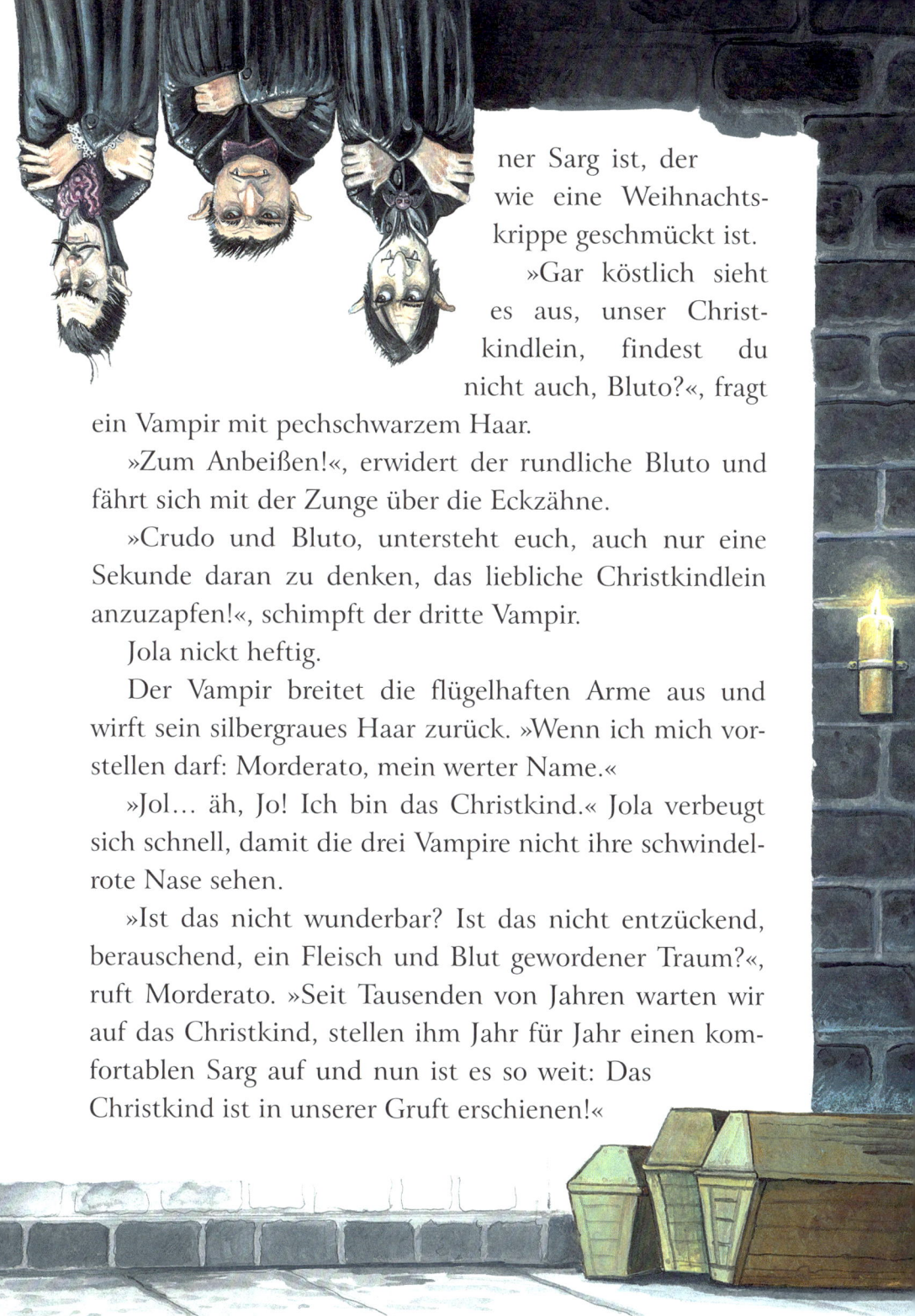

ner Sarg ist, der
wie eine Weihnachts-
krippe geschmückt ist.

»Gar köstlich sieht
es aus, unser Christ-
kindlein, findest du
nicht auch, Bluto?«, fragt
ein Vampir mit pechschwarzem Haar.

»Zum Anbeißen!«, erwidert der rundliche Bluto und
fährt sich mit der Zunge über die Eckzähne.

»Crudo und Bluto, untersteht euch, auch nur eine
Sekunde daran zu denken, das liebliche Christkindlein
anzuzapfen!«, schimpft der dritte Vampir.

Jola nickt heftig.

Der Vampir breitet die flügelhaften Arme aus und
wirft sein silbergraues Haar zurück. »Wenn ich mich vorstellen darf: Morderato, mein werter Name.«

»Jol… äh, Jo! Ich bin das Christkind.« Jola verbeugt
sich schnell, damit die drei Vampire nicht ihre schwindel-
rote Nase sehen.

»Ist das nicht wunderbar? Ist das nicht entzückend,
berauschend, ein Fleisch und Blut gewordener Traum?«,
ruft Morderato. »Seit Tausenden von Jahren warten wir
auf das Christkind, stellen ihm Jahr für Jahr einen kom-
fortablen Sarg auf und nun ist es so weit: Das
Christkind ist in unserer Gruft erschienen!«

»Reizend«, murmelt Crudo durch zusammengebissene Zähne.

Bluto nickt und sabbert.

»Nun denn, meine bissigen Freunde«, fährt Morderato fort, »es ist an der Zeit, dem lieblichen Christkindlein zu zeigen, was wir seit Jahrhunderten für die Bescherung einstudiert haben.«

»Muss das sein?«, fragt Crudo.

»Selbstverständlich!«, zischt Morderato. »Sonst gibt es keine Geschenke. Das wissen sogar schon die Kleinen im Vampirgarten!«

»Na schön.« Crudo fliegt von der Decke und landet direkt vor Jola.

Jola klammert sich an den Wischmopp. Crudos Pupillen schimmern golden in den roten Augen. Seine Haare stehen in alle Richtungen ab.

Morderato und Bluto setzen sich auf einen Sarg. Morderato holt zwei Knochen aus seinem Mantel und hält sie in die Höhe. Bluto stülpt sich jeweils ein Glöckchen auf die Eckzähne.

Crudo dreht sich zu den anderen um. »Fertig? Eins – zwo – drei!«

Morderato trommelt mit den Knochen auf den Sargdeckel. Bluto wackelt mit dem Kopf, sodass die Glöckchen bimmeln.

Crudo singt: »Leise tröpfelt das Bluuuuut, Mensch-lein, seid auf der Huuuut, geht ihr allein in den Wald, grault euch, der Vampir kommt baaaald!«

Danach singt Bluto noch »Oh du fröhliche, oh du blutige« und zum Schluss trällert Morderato »Stille Nacht, schaurige Nacht«.

Jola bekommt von der Haarspitze bis zum kleinen Zeh eine Gänsehaut.

Als der letzte Ton verhallt ist, wird es totenstill in der Gruft. Die drei Vampire starren Jola mit glühenden Augen an.

Jola kratzt sich hinter den Ohren. So recht weiß sie nicht, was sie machen soll. Klatschen? Zugabe rufen? Am liebsten wäre ihr, sie könnte wie eine Fledermaus davon-flattern.

»Was ist jetzt?«, donnert plötzlich Crudo.

»GESCHENKE!«, brüllt Bluto.

»Ja. Das wäre auch in meinem Sinne.« Morderato zupft an seinem Silberhaar.

»Welche Geschenke?« Jola kaut auf ihrer Unterlippe.

»Ich wünsche mir seit Jahrtausenden einen bedienungsfreundlichen Mega-Profi-Fleischwolf aus Edelstahl«, sagt Bluto.

»Und ich«, wirft Crudo ein, »wünsche mir eine Doppelfunktionszahnbürste mit Batterien, Ersatzbürsten und Musik-Timer mit 16 Melodien.«

»Mein sehnlichster Wunsch ist ein Fass Sonnencreme

mit Lichtschutzfaktor 650«, sagt Morderato, »damit ich auch an den Tagen, an denen ich keinen Schlaf finde, durch die Lande streifen kann.«

»Also, Christkindlein, wir haben brav gesungen, jetzt rück flott die Geschenke raus«, sagt Crudo.

»Die Geschenke … ja, stimmt, die … ähm …« Jola sieht sich hastig in der Gruft um.

»Oh grausamer Schreck!« Morderato fasst sich an die Brust. »Du hast sie doch nicht etwa vergessen?«

»Wenn du die Geschenke vergessen hast, vergesse ich mich gleich«, sagt Bluto mit Spuckebläschen in den Mundwinkeln.

»Die Geschenke sind … ähm … draußen!« Jola nickt mehrmals. »Genau. Die sind sooo groß, dass ich sie erst mal abgestellt habe.« Sie huscht zwischen den Beinen der Vampire hindurch und rennt auf eine Tür zu. »Ich hol sie gleich.«

»MOMENT!«, brüllt Crudo. »Ich komme mit.«

»Eine ganz wunderbare Idee, Crudo! Du kannst dem Christkindlein beim Tragen helfen«, ruft Morderato ihm nach.

Jola geht mit Crudo zur Tür hinaus und eilt auf einer langen Steintreppe nach oben. Sie führt in die Empfangshalle einer alten, verlassenen Burg. Jola hört, wie Crudo hinter ihr die Zähne aneinanderwetzt. Mit zittern-den Beinen läuft sie auf die große Eingangstür zu, drückt die eiserne Klinke nach unten und reißt die Tür auf.

Rasch tritt Jola aus der Burg und blinzelt ins Sonnenlicht.

Crudo hält sich schützend den Arm vors Gesicht und weicht fauchend zurück, als hätte er sich verbrannt. Er presst sich an die Burgmauer in den Schatten.

»Die Geschenke liegen dort hinter dem großen Felsen«, sagt Jola und schon rennt sie los. Alle paar Schritte dreht sie sich nach dem Vampir um. Crudo will ihr folgen, doch sobald ein Sonnenstrahl auf seine Haut fällt, zuckt er vor Schmerz zusammen und zieht sich wieder in den Schatten zurück.

Jola läuft über Äste, Blätter und Steine. Sie klettert auf den Felsen, dreht sich abermals um und … Beim nächsten Schritt tritt sie ins Nichts. Einen Moment taumelt sie, dann stürzt sie vom Felsen ins Wasser.

6

Jola sinkt immer tiefer ins Meer. Kurz bevor sie auf einem Seeigel landet, der auf dem Meeresboden liegt, fängt sie jemand auf.

»Vorsicht, stachelig«, sagt die Retterin und ihre Stimme klingt, als würde sie über alle Weltmeere hallen. Ihre langen, blonden Haare schweben wie feiner Seetang im Wasser. Sie reichen ihr bis zur Hüfte, wo sich die helle Haut in grün und golden schimmernde Fischschuppen verwandelt. Mit ihrer kräftigen Schwanzflosse schwimmt die Nixe mit Jola zu einem Schiffswrack, das am Meeresboden ruht. Sie setzt Jola auf der Reling ab.

»Ich bin Ozea. Und das sind alles meine Schwestern«, sagt die Nixe.

»Ich bin Jola. Und das ist mein Wischmopp.«

Jetzt sieht Jola, dass
sich am Korallenriff ein Dutzend Nixen tummeln. Am Fuße
des Riffs steht ein Korallenbaum. Die
Nixen schmücken ihn mit Seesternen,
Kugelfischen, Seeigeln und behängen seine
Zweige mit Seepferdchen und Algenlametta.

Plötzlich wird es dunkel. Ein riesengroßer
Schatten fällt auf das Korallenriff und seine
Bewohner. Jola sieht nach oben. Ein gewaltiger
Mantarochen schiebt sich wie eine finstere Gewitterwolke über das Meeresblau. Der Rochen kreist
über dem Riff, dann lässt er sich langsam neben
dem Korallenbaum auf dem Meeresboden nieder.
Auf seinem Rücken liegt eine Riesenmuschel. Sie
ist geschlossen, die Ränder sind gewellt und
leuchten violett. Die Muschel ist so groß, dass
Jola sich ohne Weiteres darin verstecken
könnte.

Die Nixen wedeln freudig mit den
Schwänzen und versammeln sich
um die Riesenmuschel. »Die
hochheilige Muschel!«, raunen sie. Sie lassen die

Muschel keine Sekunde aus den Augen, doch nicht eine der Nixen wagt es, die Muschel zu berühren.

Jola schwimmt mit Ozea zu den anderen Nixen. Eine heilige Muschel?, wundert sich Jola. Sie hat einmal Muscheln gegessen. Die haben gar nicht heilig geschmeckt, nur glibberig.

Die Nixen bilden um die Riesenmuschel einen Kreis. Wie auf ein geheimes Kommando beginnen sie zu schwimmen. Immer um die Muschel herum. Erst langsam, dann schneller. Jola kann kaum mithalten.

Die Nixen schlagen mit den Flossen und schlängeln ihre Oberkörper. Das Wasser rauscht und gluckert. Unaufhörlich schwimmen die Nixen im Kreis. Ein gigantischer Strudel bildet sich. Er wird immer stärker und schneller. Über der Riesenmuschel bildet sich ein gewaltiger Sog.

Jola, die längst aufgegeben hat, mit den Nixen mitzuhalten, sieht gebannt auf die Muschel. Unter dem Druck des Strudels erzittern die gewellten Ränder. Und dann geschieht es: Millimeter für Millimeter lösen sich die beiden Schalen voneinander. Ganz langsam öffnet sich die Muschel, wie eine Blume im Sonnenschein.

Kaum hat die Riesenmuschel ihre Schalen aufgeschlagen, verharren die Nixen. Erwartungsvoll sehen sie ins Innere. Dort liegt eine große Perle. Sie ist ganz glatt und glänzt in unbeschreiblich schönen Farben.

»Die Weihnachtsperle«, flüstert Ozea Jola zu.

Die Perle bewegt sich in der Muschel. Sie rollt lautlos an den Rand der unteren Schale. Dann beginnt sie zu schweben. Wie ein geheimnisvoller Stern, der am Nachthimmel aufgeht, erhebt sich die schimmernde Perle ins Meeresblau. Staunend folgt Jola zusammen mit den Nixen der Bahn der Perle. Hoch über ihnen bleibt die Perle stehen und leuchtet auf die Bewohner des Riffs nieder.

Die Nixen brechen in Jubel aus. Sie umarmen einander, klatschen sich mit den Schwanzflossen ab und sehen immer wieder mit strahlenden Augen zur Weihnachtsperle. Auch Jola kann den Blick nicht von ihr abwenden. So eine schöne Perle hat sie noch nie gesehen.

Plötzlich erklingt ein tiefes Grummeln. »Vergesst die Riesenmuschel nicht. Sie hat Hunger«, sagt der Rochen.

Sofort verstummen alle Nixen. Sie werfen sich ängstliche Blicke zu.

»Ich nicht! Ich war erst vorletztes Jahr dran«, sagt eine Nixe.

»Ich bin allergisch gegen Muscheln«, sagt eine andere.

»Mich könnt ihr vergessen. Mir hat sie erst letztes Jahr beinahe die Flosse abgehakt«, sagt eine dritte Nixe.

»Ozea – du hast es noch nie versucht!«, ruft eine ältere Nixe.

»Ich? Öhm, ich würd ja gerne, aber Jola hier möchte noch viel lieber«, sagt Ozea und schiebt Jola auf die Muschel zu.

»He!« Jola will überhaupt nichts, egal was. Aber dann fällt ihr ein, dass Ozea sie vor dem Fall auf den Seeigel gerettet hat. »Na gut. Was muss ich machen?«

»Ganz einfach: Du legst dieses kleine Sandkörnchen in die Muschel.« Ozea drückt Jola ein Sandkorn in die Hand. »Daraus wird die nächste Weihnachtsperle.«

»Das ist alles?« Jola runzelt die Stirn.

»Genau. Es ist ganz einfach. Schafft jeder Büchsenfisch.« Ozea nickt.

»Kann eben nur sein, dass dir die gefräßige Riesenmuschel die Hand abbeißt«, flüstert eine Nixe.

»Pssst!«, machen die anderen.

Jola sieht die Muschel mit großen Augen an. Die beiden Schalen kommen ihr auf einmal wie ein gieriges Haifischmaul vor. Wenn die Muschel zuschnappt, ist Jola darin gefangen, oder noch schlimmer: eingeklemmt.

Doch da hat Jola eine Idee. Sie tritt ganz nah an die Muschel heran. Langsam streckt sie ihren Arm ins Innere. Gerade als die Muschel zuklappen will, klemmt Jola den Wischmopp zwischen die beiden Schalen. Der Mopp knackt und ächzt, aber er hält. Dann huscht Jola in die Muschel, legt das Sandkörnchen hinein, klettert wieder heraus und reißt der Riesenmuschel den Mopp aus dem Mund. Sofort klappen die beiden Schalen zu.

Die Nixen sind sprachlos. Dann jubeln sie, klatschen mit den Schwanzflossen und lassen glänzende Schuppen regnen. Sie behängen Jola mit feinstem Tang, schwimmen mit ihr auf dem Rücken turbulente Runden ums Korallenriff, führen ihr zu Ehren ein Wasserballett auf und feiern sie.

Feiern macht hungrig. »Gibt es hier zufällig irgendwo Fischstäbchen?«, fragt Jola.

»Sieh mal in der Kombüse vom Schiffswrack nach«, sagt Ozea.

Jola schwimmt zum Schiffswrack, öffnet die Tür zur alten Kajüte und … tritt in eine andere Welt.

7

In der Kajüte riecht es nach Fisch, Rum und nassen Socken. Jola kräuselt die Nase. Plötzlich ruckelt das Schiff und von draußen ist ein furchtbares Heulen zu hören. Jola reißt die Kajütentür auf und tritt an Deck. Eisiger Wind peitscht ihr ins Gesicht, Schneeflocken toben wie wilde Derwische, kalte Gischt schäumt über die Reling.

Jola versucht, durch den wütenden Schneesturm etwas zu erkennen. Sie steht nicht mehr an Deck eines Wracks, sondern eines richtigen Schiffes. Das Schiff treibt mitten auf dem Meer. Doch wo sind der Kapitän und die Matrosen? Jola klammert sich an die Reling und kämpft sich Stück für Stück über das Schiff. Sie muss sich gut festhalten, sonst wird sie vom tosenden Schneesturm über Bord gefegt. »Ahoi! Irgendein Mann an Bord?«, ruft sie.

»Klabimm, Klabumm, Klabauter, Seemannsgarn vertaut er«, ertönt eine heisere, hohe Stimme.

Jola sieht, wie sich ein kleines Männchen durch das Schneegestöber von Mast zu Mast schwingt. Es hat ein Holzbein. Am anderen Bein trägt es einen gelben Gummistiefel. Auf dem Kopf sitzt ein großer Seemannshut.

Das Männchen rutscht am Mast zu Jola hinab. »Klabautermann an Bord!«, ruft es im Sturmgeheul und hält seinen Hut fest.

Der Sturm wird immer stärker. Ein Fass rollt über das Deck. Jola springt in letzter Sekunde beiseite und klammert sich an den Mast. »Gibt es keinen Kapitän und keine Mannschaft?«

Der Klabautermann springt auf das rollende Fass, läuft darauf und saust über das Deck. »Doch, doch. Die gibt es. Aber sie haben gestern Nacht nach dem Abendmahl ein Fass Rum geleert. Und jetzt schlafen und verdauen sie.«

»Und wer steuert das Schiff?«, fragt Jola mit klappernden Zähnen.

»Gute Frage! Wie wäre es mit uns beiden Hübschen?«, sagt der Klabautermann, hüpft vom Fass und hängt sich an das Steuerrad, das sich daraufhin mehrmals dreht. »Volle Kraft voraus zum Nordpol! Der Weihnachtsmann wartet auf unsere Ersatzteillieferung für die Geschenke.«

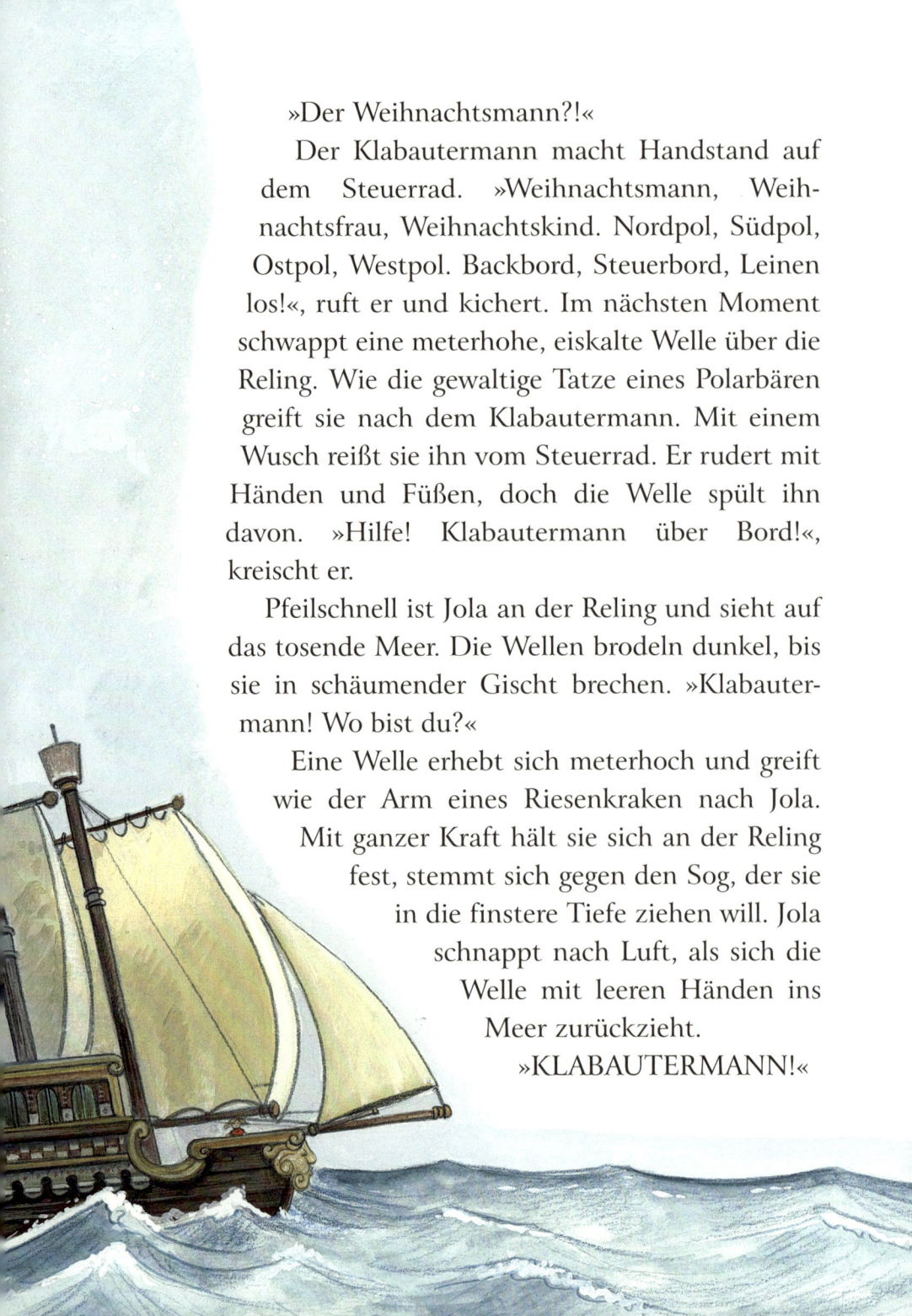

»Der Weihnachtsmann?!«

Der Klabautermann macht Handstand auf dem Steuerrad. »Weihnachtsmann, Weihnachtsfrau, Weihnachtskind. Nordpol, Südpol, Ostpol, Westpol. Backbord, Steuerbord, Leinen los!«, ruft er und kichert. Im nächsten Moment schwappt eine meterhohe, eiskalte Welle über die Reling. Wie die gewaltige Tatze eines Polarbären greift sie nach dem Klabautermann. Mit einem Wusch reißt sie ihn vom Steuerrad. Er rudert mit Händen und Füßen, doch die Welle spült ihn davon. »Hilfe! Klabautermann über Bord!«, kreischt er.

Pfeilschnell ist Jola an der Reling und sieht auf das tosende Meer. Die Wellen brodeln dunkel, bis sie in schäumender Gischt brechen. »Klabautermann! Wo bist du?«

Eine Welle erhebt sich meterhoch und greift wie der Arm eines Riesenkraken nach Jola. Mit ganzer Kraft hält sie sich an der Reling fest, stemmt sich gegen den Sog, der sie in die finstere Tiefe ziehen will. Jola schnappt nach Luft, als sich die Welle mit leeren Händen ins Meer zurückzieht.

»KLABAUTERMANN!«

Da blitzt ein gelber Gummistiefel in den finsteren Wogen auf! »Klabumm, Klabimm, gleich bin ich hin!«, krächzt der Klabautermann.

Verzweifelt sieht sich Jola nach einem Rettungsring um. Doch in dem Schneegestöber kann sie kaum etwas an Deck erkennen. Der Klabautermann wird schon ganz lila im Gesicht. Wenn Jola nicht gleich etwas findet, womit sie ihn retten kann, wird er vom Meer verschlungen. Auf einmal rollt etwas über die Schiffsplanken auf Jola zu. Es ist das Fass! Jola stoppt es mit den Füßen. Dann packt sie das Fass, hebt es hoch, stemmt es über die Reling und wirft es ins Meer.

»Autsch!«

»Entschuldigung.« Jola lehnt sich über die Reling. Zunächst sieht sie nur das Fass auf den Wellen tanzen. Kein gelber Gummistiefel taucht zwischen den Wogen auf, kein bärtiges Gesicht. Doch da recken sich plötzlich zwei blasse Hände aus dem Wasser. Sie klammern sich an das Fass und im nächsten Moment zieht sich der Klabautermann daran hoch. Er setzt sich auf das Fass, paddelt mit den Armen zum Schiff und klettert an dem Wischmopp, den Jola ihm entgegenhält, zurück an Bord.

»Klabimm, Klabumm, Klabauter«,

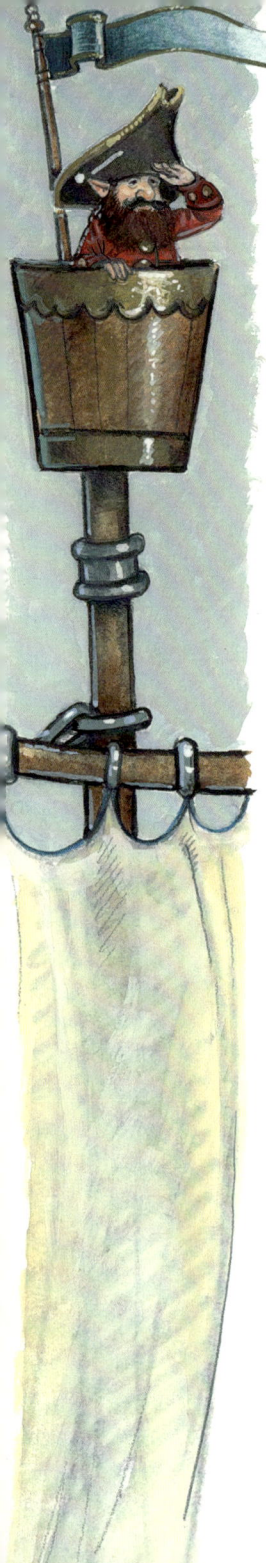

sagt er mit klappernden Zähnen. »Das war knapp. Als Dank nehme ich dich zu meiner Klabauterfrau.« Der Klabautermann streckt die Brust heraus, grinst und hält Jola die Hand hin. Seine Zähne sind grün und seine Fingernägel sehen aus wie verschrumpelter, drei Monate alter Frühstücksschinken.

»Muss ja nicht sein«, sagt Jola. Als sie den enttäuschten Blick des Klabautermanns sieht, fügt sie hinzu: »Später vielleicht. Jetzt will ich erst mal zum Weihnachtsmann.«

Der Klabautermann verschränkt die Arme und sieht eingeschnappt aufs Meer. »Was willst du denn bei dem? Seine Weihnachtsfrau werden vielleicht?«

»Quatsch. Ich will ihm nur den Weg zeigen. Damit er rechtzeitig zur Bescherung bei uns zu Hause ist.«

»Na dann! Volle Kraftsuppe voraus zum Nordpol!«, ruft der Klabautermann und murmelt leise: »Oder war es der Südpol, Ostpol, Westpol, Swimmingpool …?«

»Wie weit ist es noch bis zum Nordpol?«, fragt Jola.

Der Klabautermann klettert auf den Ausguck. Er legt die flache Hand an die Stirn und macht ein sehr ernstes Gesicht. Der

Schneesturm flaut langsam ab und am Horizont erheben sich weiße Berge. »Land in Sicht!«, ruft er.

Jola stellt sich mit ihrem Wischmopp in der Hand ganz vorne an den Bug. Sie kann es kaum erwarten, den Nordpol zu sehen. Denn dort, das weiß jedes Kind, wohnt der Weihnachtsmann.

Die weißen Berge werden immer größer. Komisch, denkt Jola, irgendwie habe ich mir den Nordpol immer flacher vorgestellt. Schließlich legt das Schiff am Ufer an. Sofort hüpft Jola von Bord. »Tschüss, Klabautermann, und danke fürs Mitnehmen.«

»Ahoi und viel Spaß am Ostpol!«, ruft der Klabautermann und kichert.

»Ostpol?«, wundert sich Jola. »He, warte mal! Wieso Ostpol?«

Doch da hat das Schiff bereits wieder abgelegt. Mit den Wellen dringt die Stimme des Klabautermanns ans Ufer: »Klabimm, Klabumm, Klabauter, Seemannsgarn vertaut er …«

8

Jola stapft durch den tiefen Schnee. Er knirscht unter ihren Schuhen. Ab und zu ragt ein dunkelgrauer Felsbrocken aus der Schneeschicht hervor, die sich wie ein dicker, weißer Teppich über die Landschaft ausgebreitet hat. Vereinzelt stehen winzige Nadelbäume, deren Äste sich unter der Last des Schnees biegen. In der Ferne erhebt sich ein mächtiger Berg. Er reicht bis in die Wolken.

Weit und breit sind kein Mensch und kein Tier zu sehen. Und erst recht kein Weihnachtsmann. Jola schnauft und bleibt stehen.

»Wo sind wir nur? Verlaufen, öh ha! Da haben wir wohl nicht aufgepasst.«

Jola spitzt die Ohren. Wer redet da?

»Verloren im Schnee. Tze, tze, tze. Was machen wir denn jetzt? Grübel, grübel.«

Die Stimme kommt von einem kleinen Felsbrocken.

»Und wann? Natürlich, ausgerechnet zur Weihnachtszeit, öh ha! So etwas kann auch nur uns passieren.«

Jola tritt an den Felsbrocken heran. Erst da erkennt sie eine zottelige Gestalt. Sie sieht aus wie eine Mischung aus Gorilla und Bär mit schneeweißem Fell. Auf der Nase sitzt eine große Skibrille.

»Mit wem redest du?«, fragt Jola.

Die Gestalt fährt herum. »Hoppla, jetzt haben wir uns aber erschrocken!« Sie schiebt die Skibrille nach oben und darunter kommen zwei hellblaue Augen zum Vorschein. Sie erinnern Jola an ihre Lieblingsmurmeln.

»Wer hat sich erschrocken?« Jola reckt den Hals und sieht sich um.

»Na, wir, ich und … ich, der Yeti.«

»Du redest mit dir selbst?«

»Aber nicht doch. Mit dir!«, erwidert der Yeti. »Endlich bist du da! Auf dich warten wir schon lange.«

»Auf mich?« Jola zieht die Augenbrauen nach oben.

Der Yeti nickt und strahlt. »Unser Weihnachtsbesuch! Wir haben Zimteiszapfen, Schneekringel und Eisschollenstollen mit Pulverzuckerschnee gemacht. Wir werden ein wundervolles Weihnachtsfest in unserer Schneehütte feiern. Wird das schön, öh ha!« Der Yeti reibt sich die Tatzen und lächelt selig. Plötzlich hält er inne und seine Mundwinkel wandern nach unten. »Aber wo ist sie nur, unsere Schneehütte? Ist sie da? Oder da? Oder da?« Der Yeti dreht sich einmal um sich selbst.

»Aus welcher Richtung bist du denn gekommen?«, fragt Jola.

Der Yeti seufzt. »Das wissen wir ja nicht mehr.«

»Du meinst, *du* weißt es nicht mehr.«

»Nein, *wir*. Oder weißt du es etwa?«, erwiderte der Yeti.

»Ich? Woher soll ich das denn wissen?«, sagt Jola.

»Na also. Wir wissen es nicht mehr.« Er stützt das Kinn in die weichen Tatzen. »Wir haben uns verlaufen. Ausgerechnet zu Weihnachten. Jetzt finden wir die Schneehütte nie wieder und können keine wundervolle Weihnacht feiern.« Die hellblauen Murmelaugen füllen sich mit Tränen.

Jola stellt sich auf die Zehenspitzen und streichelt den Yeti am Kopf. »Echt blöd«, sagt sie und starrt auf den Schnee. Plötzlich sieht sie etwas. Sie springt auf und zieht den überraschten Yeti an der Tatze. »Komm, ich weiß, wie wir zur Schneehütte finden! Wir folgen deinen Spuren.«

Jola zeigt auf die Abdrücke der großen Yetifüße. Sie sind im Schnee deutlich zu erkennen.

»Na, da haben wir aber eine grandiose Idee!« Der Yeti stapft zusammen mit Jola los. Sie folgen seinen Spuren. Zuerst gehen sie ein paarmal im Kreis herum. Die nächste Spur endet einige Meter weiter im Nichts. Auch eine andere stellt sich als Sackgasse heraus.

Der Yeti starrt auf die Sackgassenspur. »Da hatten wir uns wohl schon verlaufen.«

»*Du* hast dich verlaufen«, sagt Jola.

»Ach. Und du wohl nicht?«, erwidert der Yeti.

Jola macht sich nicht die Mühe, dem Yeti zu antworten. Sie hat eine neue Spur entdeckt. »Guck mal! Die Spur hier führt den Hang hinauf. Die muss es sein!«

Jola hat recht. Die Spur führt weder im Kreis herum noch endet sie im Nichts. Jola und der Yeti folgen der Spur durch den Schnee. Jola sinkt bis zu den Knien ein, der Yeti bis zu den Knöcheln. Nach ein paar Metern ist Jola aus der Puste. Sie spürt die Kälte vom Schnee durch die nassen Hosenbeine. Ihre Finger sind eiskalt. Sie hat das Gefühl, ihre Nase friert jeden Moment zu. Hoffentlich ist es nicht mehr weit.

»Da ist sie! Unsere Hütte!«, ruft der Yeti und seine Augen strahlen himmelblau. »Wir haben sie gefunden!«

Jola bleibt stehen und späht in die Ferne. Tatsächlich! Am Berghang vor ihnen ist eine Hütte. Man muss ganz genau hinsehen, denn die Hütte ist vollkommen schneebedeckt und hebt sich kaum von den weißen Massen ab. Ohne den Yeti wäre Jola womöglich daran vorbeigelaufen.

Die kalten Finger und nassen Hosenbeine sind sofort vergessen. »Wer zuerst bei der Hütte ist!«, ruft Jola und stapft am Yeti vorbei.

Als Jola näher kommt, erkennt sie, dass etwas vor der Hütte steht. Es ist ein großer Schlitten, dessen geschwungene, goldene Kufen märchenhaft im Schnee glänzen. Vor den Schlitten sind zwei Rentiere gespannt. An ihren gewaltigen Geweihen hängen Glöckchen. Der Schlitten ist bis an den Rand mit Paketen, Säcken und Kisten beladen. Er biegt sich unter der Last.

Jola bleibt der Mund offen stehen und ein Kribbeln huscht ihr bis in den großen Zeh. Dieser Schlitten kann nur einem gehören!

»Öh ha! Wer parkt denn da vor unserer Hütte?«, wundert sich der Yeti.

»Der Weihnachtsmann!«, ruft Jola und ihre Wangen leuchten wie die Nasen der Rentiere. Schon rennt sie los. Ihre Beine überschlagen sich fast und mehrmals stürzt sie in den meterhohen Schnee.

»Warte auf uns!«, ruft der Yeti.

Doch Jola dreht sich nicht einmal um. Sie pflügt durch den Schnee auf den Schlitten vom Weihnachtsmann zu. Sie muss ihn erreichen, bevor der Weihnachtsmann denkt, es ist niemand zu Hause, und einfach weiterfährt. Jola beschließt, eine Abkürzung zu nehmen, und rennt quer über ein unberührtes Schneefeld.

»Nein, nein, nein! Nicht da lang!«, ruft der Yeti. »Stopp! Da ist eine gefährliche …«

Doch das Ende vom Satz hört Jola bereits nicht mehr. Von einer Sekunde auf die andere ist kein Schnee und kein Boden mehr unter ihren Füßen. Eine Gletscherspalte! Jola rudert mit den Armen, strampelt mit den Beinen und stürzt in die unendliche Tiefe.

9

Als Jola wieder zu sich kommt, hat sie das Gefühl, bis zum Mittelpunkt der Erde gefallen zu sein. Ihr ist schrecklich warm, die Luft ist stickig und es riecht nach modrigem Pups. Jola rümpft die Nase.

Alles ist in ein rötlich braunes Licht getaucht, als hätte jemand eine feuerrote Decke über die Welt geworfen. Erst nach und nach erkennt Jola, was um sie herum vor sich geht. Sie sitzt auf einem Hocker mit Bocksfüßen. In mehreren Ecken lodern Flammen. Auf dem steinernen Boden steht eine Schüssel, groß wie eine Schneekanone. Um die Schüssel herum springen kleine Teufel. Ihre Hörner glänzen bedrohlich im Flammenschein.

Die Teufelchen eilen von hier nach da, spießen etwas auf ihre Dreizacke und verrühren es dann in der großen Schüssel.

»Ein Teelöffel Tobsucht!«, krächzt ein Teufelchen, das gerade den Dreizack in die Schüssel taucht.

»Eine Prise Pech!«, trällert ein anderes Teufelchen und eilt mit dem Dreizack auf die Schüssel zu.

»Und drei Zentiliter Zorn!«, ruft ein drittes Teufelchen.

Plötzlich pikt Jola etwas im Rücken. Sie fährt herum und sieht in zwei dunkelrote Augen, aus denen Feuer zu sprühen scheint.

»Grüß Teufel und Hallöchen!«, sagt ein Teufel mit besonders großen Hörnern. »Willkommen in Teufels Küche! Ich bin Abolo, der Küchenchef.« Er schnuppert an Jola und bläht die Nasenlöcher. »Sieh an, sieh an. Ein Menschlein hat sich zu uns verirrt. Und das in der Weihnachtszeit – welch teuflisch trefflicher Zufall!« Abolo lacht laut und tief. Die anderen Teufelchen unterbrechen ihre Arbeit und stimmen mit einem bösen Lachen ein.

»Teufel feiern auch Weihnachten?«, fragt Jola.

»Weihnachten, igitt!« Abolo spuckt auf den Boden.

»Das Fest der Liebe – widerlich!«, ruft ein anderes Teufelchen.

»Familienessen, Geschenke mit Schleifchen, singende Kin-

der. Schlimmer geht's nimmer«, findet ein Teufel und verdreht die Augen.

»Vorfreude, Besinnlichkeit, brav sein. Würg!« Das Teufelchen streckt die Zunge heraus.

»Ich liebe Weihnachten«, sagt Jola. »Überall leuchten abends Lichter, es gibt jede Menge Plätzchen, ich schmücke mit Papa den Weihnachtsbaum, auf dem Weihnachtsmarkt bekomme ich Kinderpunsch und am 24. einen Berg von Geschenken. Wie kann man Weihnachten nur nicht toll finden?«

»Nicht toll finden? Aber Hallöchen, wir hassen Weihnachten!«, erwidert Abolo.

»Und wie!«, faucht ein Teufelchen mit lockigem Schwanz. »Deswegen backen wir jedes Jahr die Weihnachtswürgplätzchen, die allen Menschlein an Weihnachten die eklig süße Liebe austreiben.«

»Bis jetzt hat uns allerdings immer die letzte Zutat gefehlt«, fährt ein anderes Teufelchen fort. »Aber dieses Jahr sieht es höllisch gut aus …« Er schnalzt mit der Zunge und grinst Jola seltsam an.

»Schweig, du Hörnverbrannter!«, ruft Abolo. Dann wendet er sich lächelnd an Jola. »Magst du Süßigkeiten?«

Jola nickt.

Abolo schnippt einmal mit dem Finger. Ein Funken blitzt auf und in der nächsten Sekunde hält Abolo einen kandierten Apfel, einen Schokopudding und eine Vanilleschnecke in der Hand. Während er mit dem Apfel, dem

Pudding und der Vanilleschnecke jongliert, türmen sich lauter Süßigkeiten rund um Jola auf. Berge aus Gummibärchen, Schokoriegeln, Kaugummis, Lakritzschnecken, Zuckerwatte, Lebkuchen, Eiscreme, Sahnetoffees, Lollis, Schweinsohren, Buttercremetorten, Nugatpralinen, Blätterkrokant, Marzipan und Schokolinsen.

»Greif zu!«, sagt Abolo und wirft Jola den kandierten Apfel entgegen. »Aber beeil dich. Der süße Zauber hält nicht lange an.«

»Das ist alles für mich?« Jola starrt auf die Unmengen von Süßigkeiten.

»Klar, ist doch Weihnachten!«, rufen die Teufel im Chor und kichern hämisch.

Schon beißt Jola in den kandierten Apfel. Nebenbei angelt sie sich fünf Nugatpralinen aus dem Haufen und schiebt sie sich gleichzeitig in den Mund. Danach stopft sie sich ein Stück Buttercremetorte, drei Schokoriegel und eine Handvoll Sahnetaffees in den Rachen. Jola futtert, schmatzt und kleckert. Ihre Hände glänzen von Schokolade und Buttercreme. In ihren Haaren klebt Zuckerwatte. Ihr Pulli ist voller Krümel.

Auf einmal weht ein kalter Wind herein. Er kriecht Jola in den Nacken und ins linke

67

Nasenloch. Jola fröstelt. Es kitzelt in der Nase. »Haaaa… tschi!«

»Na so was. Da hat wohl jemand das Tor zur Hölle aufgelassen, dass es hier unten so zieht.« Abolo zwinkert den anderen Teufelchen zu.

Sie kichern und reiben sich die Hände, dass kleine Funken fliegen.

»Nun hast du also gegessen«, fährt Abolo fort, »und was machen Babys nach dem Essen? Richtig. Sie gehen heitschi bumbeitschi ins Bettchen.«

Jola stemmt die klebrigen Hände in die Hüften. »Ich geh doch jetzt noch nicht ins Bettchen. Außerdem bin ich kein Baby mehr.«

»Natürlich bist du ein Baby!«, ruft Abolo.

»Klar, sieht man sofort«, bestätigt ein anderes Teufelchen. »Guckt euch doch den süßen Babyspeck an!«

»Gar nicht wahr! Das ist nur der dicke Pulli.« Jola sieht die Teufel finster an. »Ihr seid total gemein!«

»Ooooch, unser kleines Baby ist böse«, trällert ein Teufelchen.

»ICH BIN KEIN BABY!«, schreit Jola.

»Hölleluja! Wir haben sie, die letzte Zutat«, ruft Abolo. »Schnell, in die Schüssel mit ihr und mit dem Teig verrühren!«

Bevor Jola weiß, wie ihr geschieht, sitzt sie auf einem riesengroßen Teller und wird von lauter Teufelchen zur Schüssel getragen. »Lasst mich runter! SOFORT!«, ruft sie.

Abolo steht mit dem Dreizack vor der Schüssel. »DU bist die letzte Zutat für unsere Weihnachtswürgplätzchen: ein Kind mit Rotznase, klebrigen Händen und bekleckertem Pulli. Aber vor allem ein richtig schön trotziges Kind!«

Die Teufelchen jubeln. »TROTZkopf, TROTZkopf!«

»ICH BIN NICHT TROTZIG!«, schreit Jola mit wutrotem Gesicht. Sie spürt, wie sich ein gewaltiger Nieser in ihrer Nase bildet. Jola atmet tief und lange ein: »Haaaaa…« und mit einem kräftigen »…TSCHI!« pustet sie alle Teufelchen auf einmal um. Der Teller fällt zu Boden, Jola springt herunter und rennt auf das Tor zu. Egal was dahinter ist – als Zutat für die Weihnachtswürgplätzchen will Jola auf keinen Fall enden. Sie schlüpft durch das Tor und ist verschwunden.

10

»Ich bin im Zuckerwatteland!«, ruft Jola, als sie um sich herum nichts als weiße, bauschige Weite entdeckt.

»Ich muss dich enttäuschen. Du bist nur im Himmel«, sagt ein Engel, der neben Jola steht. Er hat schütteres graues Haar, eine Nickelbrille auf der Nase und seine Flügel sehen schon ein wenig zerzaust aus. Sein weißes Gewand, das Jola an die Nachthemden von Oma Pudding erinnert, reicht ihm bis zu den Knien. Darunter ragen ein paar dünne O-Beine hervor, mit denen der Engel bis zum Knöchel in der Wolke versinkt.

»Ich heiße Cantangelo und bin der himmlische Chorleiter in diesem luftigen Laden.« Der Engel verbeugt sich kurz. »Du kannst bei unserer weihnachtlichen Chorprobe gerne zuhören. Jedoch warne ich dich: Es ist kein Vergnügen. Falls dir die Ohren abfallen – ich fliege nicht hinterher und fange sie auf.« Mit diesen Worten hebt Cantangelo einen zierlichen goldenen Taktstock.

Jola betrachtet den Engelschor. Er besteht aus vier Engeln. Jeder Engel steht auf einer Wolke. Die Engel räuspern sich und machen »Mi mi mi mi«.

»Wie ihr seht, haben wir jetzt Publikum. Also, strengt euch an!«, sagt Cantangelo. Er klopft auf eine fliegende Untertasse, die gerade vorbeischwebt, dann gibt er den Einsatz. Die Engel beginnen zu singen. Aus tiefster Brust, laut und voller Leidenschaft. Doch es hört sich furchtbar an. Schief und krumm und kreischend.

Jola klemmt den Wischmopp zwischen die Beine und hält sich die Ohren zu.

Cantangelo lässt den Taktstock sinken. Mit der anderen Hand rauft er sich die wenigen Haare. »Stopp! Hört sofort auf mit diesem Katzenjammer!«

Vorsichtig nimmt Jola die Hände von den Ohren. »Ich dachte, Engel können wunderschön singen.«

»Normalerweise schon«, sagt Cantangelo. »Sogar so schön, dass sich zur Weihnachtszeit das Himmelstor öffnet, wenn der Engelschor singt. Aber dieses Jahr wird das wohl nichts. Bei dem Gejaule öffnet sich noch nicht einmal ein Garagentor.« Cantangelo sieht seinen Chor verzweifelt an.

»Ist es schlimm, wenn sich das Himmelstor nicht öffnet?«, fragt Jola.

71

»Schlimm? Das wäre die größte Katastrophe seit dem Urknall. Wenn sich das Himmelstor nicht öffnet, fällt Weihnachten aus.« Cantangelo nickt ernst. »Durch das Himmelstor schwebt der Weihnachtsstern zur Erde und bringt Friede, Freude und …«

»Eierkuchen.«

Cantangelo blinzelt verwirrt. »Liebe bringt er. Und da Weihnachten das Fest der Liebe ist, fällt es ohne Liebe aus. Und warum? Nur weil meine werten, sangesfreudigen Engelein hier sich nicht zusammenreißen können.«

»Weihnachten darf nicht ausfallen«, sagt Jola energisch. »Ich bin auch im Chor, weißt du. Bestimmt kann ich dir helfen.«

Cantangelo schüttelt den Kopf. »Nur echte Engel dürfen im Engelschor singen.«

»Dann singe ich eben nicht, sondern helfe dir beim Chefsein.« Jola reckt den Wischmopp wie einen Taktstock in die Höhe. »Wir müssen herausfinden, wer von den Engeln schief singt.«

Cantangelo runzelt die Stirn. »Na schön, probieren wir es.« Er zeigt mit dem Taktstock auf einen Engel mit dicken Posaunenbacken. »Elvis, beginne du.«

Engel Elvis legt sofort los. Er knickt das rechte Bein ein, streckt den linken Arm in die Höhe und singt. Seine Stimme ist wie ein warmer Hauch und schimmert in allen Klangfarben. Engel Elvis singt mit geschlossenen Augen.

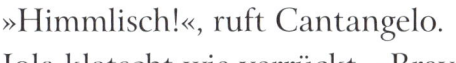

»Himmlisch!«, ruft Cantangelo.

Jola klatscht wie verrückt. »Bravo!«

Als Nächstes ist Engel Luciano dran. Er streicht sich mit der Hand über den Vollbart und streckt seine breite Brust heraus. Dann beginnt er zu singen.

Seine Stimme ist so gewaltig, dass sie Jola beinahe von der Wolke fegt. Cantangelos Haare legen sich zu einer Sturmwelle nach hinten.

»Göttlich!«, ruft er.

»Boah«, macht Jola.

»Jetzt du, Engel Marlene«, sagt Cantangelo und ein Engel mit blond gelocktem Haar und einem langen weißen Kleid beginnt mit halb geschlossenen Augen zu singen. Zwar ist die Stimme von Engel Marlene nicht so kräftig wie die ihres Vorgängers, aber sie haucht die Melodie so gefühlvoll über die Lippen, dass den anderen Engeln die Tränen in die Augen treten.

»Danke, Marlene«, schluchzt Cantangelo und fordert schließlich Engel Amy auf.

Engel Amy rückt noch einmal ihren dunklen Haarturm zurecht, der wie ein Turban auf ihrem Kopf trohnt, dann holt sie tief Luft und singt. Ihre Stimme klingt so kräftig und butterweich zugleich, dass es Jola nicht wundern würde, wenn sich die Wolken unter ihren Füßen in Luft auflösen.

»Alle vier Engel singen überirdisch schön«, sagt Cantangelo. »Nur wenn sie zusammen singen, klingt es wie die Hölle.«

»Weil jeder ein anderes Lied singt«, sagt Jola. »Am besten, sie singen alle ein Weihnachtlied.«

»Ganz in meinem Sinne«, sagt Cantangelo. »Ich schlage vor: ›Macht hoch die Tür, die Tor macht weit, es kommt der Herr der Herrlichkeit.‹«

»Okay.« Jola hebt den Wischmopp. »Drei, vier!«

Engel Elvis, Luciano, Marlene und Amy singen das Lied nach. Es klingt schon etwas besser, aber noch immer viel zu schief.

»Immerhin, man kann eine Melodie erkennen. Aber nur eine gejaulte Melodie«, zetert Cantangelo. »Davon geht das Himmelstor gewiss nicht auf.«

»Halt mal.« Jola drückt Cantangelo den Wischmopp in die Hand. Dann hüpft sie von Wolke zu Wolke und schiebt die vier Wolken, auf denen die Chormitglieder stehen, zu einer großen Wolke zusammen. Sie springt zurück zu Cantangelo. Zufrieden betrachtet sie ihr Werk. »Legt eure Flügel übereinander«, sagt sie. »Jetzt seid ihr ein Chor.«

»Ihr seht zumindest wie ein Chor aus. Versuchen wir es ein letztes Mal.« Cantangelo hebt den Taktstock.

Jola hebt den Wischmopp. »Drei, vier!«

Elvis, Luciano, Marlene und Amy beginnen zu singen. Zuerst klingt es noch etwas schräg. Doch dann hören die Engel auf die Stimmen direkt neben sich und spüren den Rhythmus der anderen in ihren Flügeln. Der Gesang der vier Engel schwillt an zu einem einzigen göttlichen, glockenhellen Ton. Alle Engel singen im Takt. Das Lied schallt vierstimmig und wunderschön über den Himmel.

Cantangelo bebt vor Freude.

Da öffnet sich das Himmelstor. Helle Strahlen brechen wie gewaltige Arme durch die Wolken und blenden Jola. Im letzten Moment sieht sie noch, wie die fliegende Untertasse auf ihre Wolke zuzischt. Dann kneift sie die Augen zu – und ist im nächsten Moment weg.

11

»Festhalten! Scharfe Kurve!«, ruft jemand. Die Stimme klingt, als wäre sie elektrisch aufgeladen. »Das war mal wieder ein exzellentes Meteoriten-Ausweichmanöver, oder, Weltall-Navigator?«

»Meinst du mich?«, fragt Jola und schielt zu ihrem Nebenmann. Oder Nebenwesen. Es hat zwei Köpfe, vier Beine und vier Arme. Die Arme sind von Saugnäpfen übersät. Ein Kopf zeigt nach vorne, der andere zeigt nach hinten.

»Sicher doch meine ich dich! Wer neben mir sitzt, ist der Weltall-Navigator, ganz einfach.«

»Und was macht ein Weltall-Alligator?«

»N-A-V-I-gator«, verbessert sie das Wesen mit den beiden Köpfen. »Ein Weltall-Navigator sagt dem Piloten, wo er langfliegen muss.«

»Verstehe. Und du bist also der Pilot?« Jola weiß nicht so recht, in welches der beiden Gesichter sie sehen soll.

»Ich bin Captain Keule.« Der Captain streckt Jola alle vier Hände hin, die sie nacheinander schüttelt. Plötzlich ruckelt das Raumschiff. Jola wird im Sitz hin und her

geworfen und Captain Keule umklammert schnell das Steuer.

»He, guck nach vorn!«, ruft das Gesicht, das nach hinten zeigt.

»Halt du mal lieber dahinten die Augen auf!«, erwidert das vordere Gesicht. Dann wendet sich Captain Keule an Jola. »War nur ein kleines Luftloch. Ich hab alles unter Kontrolle.«

»Wohin fliegen wir?«, fragt Jola.

»Ein Forscher weiß nie, wohin die Reise geht. Er lässt sich durch die unendlichen Weiten treiben«, erwidert Captain Keule, während er mit dem rückgewandten Gesicht an einem Getränk schlürft.

»Wonach forschst du?«, will Jola wissen.

»Nach unbekannten Lebensformen natürlich!« Captain Keule reißt das Steuer nach rechts und weicht im letzten Moment einem Zwergplaneten aus. »Hoppla. Da müsste mal jemand ein Warndreieck aufstellen.«

»Ich habe schon so einiges gesehen im All«, fährt Captain Keule mit dem hinteren Gesicht fort. »Gestirnesen, Plattnasenplanetarier, Kosmikaner, Sternbeißer, Nebelriesen und Humanoide.«

»Und ich habe heute schon Engel, Elfen,

Monster, Drachen und alles Mögliche gesehen«, sagt Jola. »Nur den, den ich suche, habe ich nicht gefunden.«

»Und der wäre?«, fragt Captain Keule mit beiden Gesichtern gleichzeitig.

»Der Weihnachtsmann.«

»Noch nie gehört.«

»Er bringt die Geschenke und man kann sich alles von ihm wünschen.«

»Alles?«, staunt Captain Keule. »Auch eine frische Luftschicht für meinen Planeten, eine bessere Anbindung an die Milchstraße und einen Sternschnuppenschweif für die Antenne meiner fliegenden Untertasse?«

»Bestimmt«, meint Jola.

»Wäre doch doppelt gelacht, wenn wir den Kerl nicht finden!« Captain Keule lacht mit beiden Gesichtern. »Ha, ha, ha.« Dann beugt er sich zum Steuerpult und tippt in den Bordcomputer: »Weih-nachts-mann.«

Eine Sekunde später macht es Pling und eine blecherne Stimme verkündet: »Ihre Suche ergab einen Treffer. Bewegliches Ziel befindet sich im Anflug auf den Planeten Krims. Ihre Route wird berechnet.«

»Was macht denn der Weihnachtsmann auf dem Planeten Krims?«, fragt Jola.

»Den Krimskis Geschenke bringen wahrscheinlich«, erwidert Captain Keule. »Festhalten! Wir starten die weltallweite Großsuche nach dem Weihnachtsmann.« Captain Keule zieht das Steuer an sich.

Jola wird in den Sitz gepresst, als die fliegende Untertasse mit Lichtgeschwindigkeit auf der Milchstraße dahinzischt. Sterne rasen scheinbar auf sie zu, geheimnisvolle Lichter tauchen in der dunkelblauen Ferne auf und erlöschen innerhalb von Sekunden wieder. Als sie durch einen gelben Nebel fliegen, stehen Jolas Haare auf einmal zu Berge, als wären sie elektrisch aufgeladen.

Captain Keule genießt die Geschwindigkeit. Er grinst über beide Gesichter. »Jippie-da-ba-diiii, gaaaalaktisch!«

Wie aus dem Nichts taucht vor ihnen plötzlich ein gewaltiger dunkelgrüner Himmelskörper auf. Jola schreit, Captain Keules hinteres Gesicht wird vor Schreck gelb, das vordere pink. In letzter Sekunde dreht er ab, wobei sich die Untertasse mehrmals überschlägt.

Captain Keule streckt alle vier Arme aus und hält sich

mit den Saugnäpfen an den Wänden und der Decke des Raumschiffs fest. Jola ist froh, dass sie angeschnallt ist. Erst nach und nach wird ihre Fahrt wieder ruhiger.

Captain Keule baumelt noch immer mit den Saugnäpfen an der Decke. »Wie kann man nur an einer so unübersichtlichen Stelle einen Himmelskörper parken? So etwas sollte in der Milchstraßenverkehrsordnung verboten sein.«

»Sind wir bald da?«, fragt Jola mit blassem Mondgesicht.

»Siehst du den grünen Planeten mit den gelben Stacheln da vorne?«, fragt Captain Keule. »Das ist Krims.«

»Ist es dort schön?«

»Ich kenne niemanden, der den Planeten Krims schon einmal betreten hat. Man erzählt sich im All, dass der Planet von einer gefährlichen Schutzhülle umgeben ist. Keiner weiß genau, woraus sie besteht. Aber solange es keine schwarzen Löcher sind, schaffen wir das schon.« Captain Keule zeigt auf den Bordcomputer. »Der Weihnachtsmann hat die Schutzhülle schon durchflogen und landet gerade.«

»Nichts wie hinterher!«, sagt Jola.

»Weißt du, Landungen machen mich immer nervös. Ich geh noch mal kurz für kleine Raumschiffkapitäne.« Captain Keule verschwindet bis zur Hüfte in einer Luke. »Übernimm du so lange das Steuer. Einfach immer schön geradeaus. Es sei denn, es kommt ein schwarzes Loch.

Um die musst du einen großen Bogen machen.« Captain Keule verschwindet durch die Luke. Nur sein Ruf hallt noch in die Kabine: »Bin gleich wieder da!«

Jola starrt auf die Luke. Dann presst sie ihre Nase an die Glaskuppel der fliegenden Untertasse. Sie sieht, wie sich Captain Keule mit seinen Saugnäpfen an der Außenwand des kleinen Raumschiffs zu einem blauen Häuschen am Heck hangelt. Er zwängt sich durch die Tür und verschwindet darin.

Jola dreht sich um, wendet sich dem Steuerpult zu und erstarrt. Direkt vor ihr öffnet sich ein riesengroßes schwarzes Loch. Noch bevor Jola zum Steuerknüppel greifen kann, verschlingt es die fliegende Untertasse.

12

Jola reibt sich den Hinterkopf. Der Boden ist kalt und von gräulicher, feiner Erde bedeckt. Als Jola nach oben blickt, sieht sie einen Himmel voller Sterne. Ist sie auf Krims? Aber wo sind die Krimskis? Und wo ist der Weihnachtsmann?

Jola steht auf. In der Ferne schimmert der Boden gelblich und sieht aus wie ein riesiger Käse. Jola dreht sich einmal um sich selbst. Es gibt keine Bäume, keine Häuser, keine Menschen. Nur eine verlassene, gelblich graue Landschaft, die sich wie eine unendliche Wüste in alle Richtungen ausbreitet.

Jola legt die Hände an den Mund und ruft: »Haaaalloooo! Ist hier jemand?«

»Jo!«, antwortet eine tiefe Stimme.

Jola sieht nach rechts. Nichts. Sie sieht nach links. Nichts. Sie sieht hinter sich. Nichts.

»Hallo? Jemand da?«, fragte Jola abermals.

»Jo!«, kommt wieder die tiefe Stimme.

Jola blickt nach oben. Doch da ist nur der Sternenhimmel. Kein Raumschiff, keine Engel, keine Drachen.

Sie senkt den Blick auf den Boden. Selbst unter ihren Füßen sieht sie nach. Nichts. »Wo bist du?«

»All hier!«, antwortet die tiefe Stimme.

»Hier? Wo ist hier?«

»Na, hier.«

Plötzlich hat Jola eine Idee. »Bist du der Weihnachtsmann?«

Ein Lachen erklingt, als würden tausend Steine einen Berg hinunterrollen. »Nein!«

»Bist du unsichtbar?«

»Auch das nicht.«

»Dann bist du winzig klein?«, fragt Jola.

Das Lachen poltert noch lauter. »Total verkehrt.«

»Aber wieso sehe ich dich dann nicht?« Jola rennt auf einen kleinen Hügel und späht in die karge Landschaft.

»Kleiner Tipp«, sagt die tiefe Stimme. »Du stehst auf meinem Kinn.«

Jola guckt zu Boden. Sie hebt den linken Fuß, dann den rechten. »Da ist nichts!«

»Jo, wohl. Das ist mein Kinn.«

»Bist du ein Steinriese?«

Wieder erklingt das polternde Lachen. »Ich bin der Mann im Mond.«

»Ich bin auf dem Mond gelandet?« Jola reißt die Augen auf.

»Willst du mit mir Weihnachten feiern?«, fragt der Mann im Mond. »Ich habe mir schon Wolkenlametta umgehängt und einen Weihnachtsstern auf die Stirn gesetzt. Gemütlicher geht's nicht.«

Weihnachten auf dem Mond klingt spannend, findet Jola. Aber … »Kommt der Weihnachtsmann auch hier vorbei?«

»Sicher doch. Er war schon ein paarmal hier. Schwebte in einem dicken, weißen Hosenanzug vom Himmel herab. Hatte feste Stiefel an, einen Helm auf und einen großen, weißen Rucksack bei sich, voller Geschenke. Allerdings kommt der Weihnachtsmann nur alle zehn, zwanzig Jahre hier vorbei.«

»ZEHN Jahre?« Jola zählt die Jahre an den Fingern ab. »Da bin ich ja schon eine Oma. So lange kann ich nicht warten.«

»Ich hab eine Idee!«, sagt der Mann im Mond. »Vielleicht können wir uns gegenseitig unsere Weihnachtswünsche erfüllen.«

»Das geht aber nur, wenn du dir einen Wischmopp wünschst. Etwas anderes habe ich nicht dabei.«

»Den Mopp behalt mal lieber. Ich wünsche mir seit Jahren nur eins: dass jemand dieses Ding rauszieht, was auf meiner Nase steckt und pikt.«

»Kann ich versuchen«, sagt Jola. »Wo ist deine Nase?«

»Siehst du den großen, hellen Hügel in der Ferne? Das ist meine Nase.«

»Okay. Bin schon unterwegs.« Jola stapft los. Sie läuft vom Kinn zur Unterlippe und von dort in ein tiefes Tal. Es ist so tief wie die Schlucht, durch die sich die Cowboys in Jolas Büchern schleichen.

Der Weg die Oberlippe hinauf ist steil. Jola stützt sich auf den Wischmopp. Sie flucht wie ein Cowboy, als das Geröll unter ihren Füßen sie fast zu Fall bringt. Doch sie schafft es, erreicht den Rand der Oberlippe und marschiert über eine Ebene auf die Nase zu. Sie erhebt sich wie ein gewaltiger, kahler Berg. Jola schreitet um den Berg herum und erklimmt den Nasenrücken.

»Hu, hi, ha!«, ruft der Mann im Mond. »Deine Füße kitzeln.«

»Bitte nicht niesen.« Jola geht schnell weiter. Als sie näher kommt, erkennt sie, dass etwas auf der Nase steckt. Zielstrebig geht sie darauf zu.

»Hast du es gefunden?«, fragt der Mann im Mond.

»Ja. Ich weiß genau, was dich pikt.« Auf der Mondnase steckt eine Flagge. Jola legt den Mopp beiseite, fasst die Flagge mit beiden Händen an und zieht. Doch die Flagge rührt sich nicht. Hoffentlich ist sie nicht festgewachsen! Jola stemmt sich mit den Füßen in den steinigen Boden, lehnt sich zurück und zieht abermals, mit ganzer Kraft. Sie bläst die Backen auf, ihr Kopf wird rot und – FLOPP!

»Ich hab sie!«, ruft Jola und landet auf dem Po.

Der Mann im Mond atmet auf. »Fühlt sich galaktisch gut an. Danke! Das wird mein schönstes Weihnachtsfest seit Millionen von Lichtjahren.«

»Erfüllst du mir jetzt meinen Wunsch?« Jola steht auf und klopft sich den Staub von den Kleidern.

»Gerne! Worum geht's?«

»Ich möchte zurück auf die Erde.«

»Dachte ich mir fast schon. Kein Mensch hält es lange auf dem Mond aus. Und warum möchtest du zurück?«

»Ich muss den Weihnachtsmann suchen und ihm den Weg in unser Wohnzimmer zeigen.«

»Verstehe. Würde ich auch machen, wenn ich könnte. Aber ich muss wohl warten, bis der Weihnachtsmann mal wieder auf dem Mond landet.« Der Mann im Mond seufzt. »Es gibt einen einfachen Weg vom Mond zur Erde. Siehst du den Krater direkt vor meiner Nase?«

Jola tritt an den Rand der Nase und späht nach unten. Am Boden klafft ein riesengroßes Loch.

»Spring hinein«, sagt der Mann im Mond. »Keine Angst, du landest wohlbehalten wieder auf der Erde.«

Jola presst die Lippen aufeinander und blickt in das Loch unter sich. Zentimeter für Zentimeter rückt sie weiter über die Nasenspitze hinaus. Beinahe kippt sie schon in den Krater, doch im letzten Moment schreckt sie zurück. »Ich trau mich nicht.«

»Du musst ja nicht springen. Kannst gerne hierbleiben. Platz genug wäre.«

»Weißt du, ich bin schon mal in ein schwarzes Loch gefallen und auch nicht zur Erde gekommen«, erklärt Jola.

»Der Krater führt direkt zur Erde. Ich schwör's!«

»Na gut.« Jola geht drei Schritte zurück, ballt eine Hand zur Faust, die andere um den Wischmopp. Dann rennt sie los. Doch einen Millimeter vorm Kraterrand bleibt sie so abrupt stehen, dass es staubt.

Plötzlich macht es hinter hier »Muh«. Ein Mondkalb grinst sie breit an. Dann gibt es Jola einen Stups und sie fällt in den dunklen Schlund des Mondkraters.

13

Jola landet tatsächlich wieder auf der Erde. Genau genommen unter der Erde in einem gewaltigen Bergwerk.

»Aus der Bahn, du Wackelzahn! Eilige Lieferung!«, ruft ein Zwerg. Er hat einen dichten Bart, eine rote Nase und eine Zipfelmütze auf, an deren Spitze ein Stern blinkt. Vor sich her schiebt er einen Schubkarren voller goldener Glöckchen. Er kommt direkt auf Jola zu.

Im letzten Moment winkelt Jola die Beine an. Der Zwerg duckt sich und eilt mitsamt der Schubkarre durch den entstandenen Tunnel. »Und tschüss!«, ruft er und verschwindet hinter einem kleinen Felsen.

Jola sieht sich um. Die Wände sind aus nacktem Stein und werden hier und da von dicken Holzbalken gestützt. Grubenlampen hängen an den Decken. In einem kleinen Fluss, der sich durch das unterirdische

Reich schlängelt, spiegelt sich das gelbliche Lampenlicht. Immer wieder tauchen Zipfelmützen zwischen den Steinen auf. Die Zwerge hämmern, kneten, schrauben, sägen, feilen, kleben, malen, schleifen, hobeln und wuseln ununterbrochen herum.

Wie Ameisen, denkt Jola, nimmt den Mopp und steht auf. Die Decke ist so niedrig, dass Jola nur gebückt gehen kann.

Plötzlich klingelt es hinter ihr und schnell tritt sie zur Seite. »Mach dich vom Acker, hier kommt 'ne Ladung Nussknacker«, ruft ein Zwerg und rollt im Laufschritt mit einem Bollerwagen voller Schnitzereien an Jola vorbei.

»Wieso hast du es denn so eilig?«, ruft Jola ihm nach. Doch der Zwerg winkt nur ab und saust um die nächste Ecke.

Jola geht auf drei Zwerge zu, die jeweils ein Stück Holz bearbeiten. Die Späne fliegen in alle Richtungen und die Zwerge drehen und wenden die Werkzeuge so schnell in den Händen, dass Jola mit bloßem Auge kaum etwas erkennen kann.

»Hallo. Ich bin Jola.«

»Knorps«, erwidert der Zwerg mit der blauen Zipfelmütze.

»Plim«, sagt der Zwerg mit der gelben Mütze.

»Tups«, sagt der Zwerg mit der roten Mütze.

Die Zwerge arbeiten weiter, ohne aufzusehen.

»Werden das auch Nussknacker?«, fragt Jola.

»Räuchermännchen«, erwidert Tups.

»Hopp, hopp, hopp«, ruft da ein Zwerg, der mit einer großen Korbkiepe auf dem Rücken angerannt kommt. »Her mit den Räuchermännchen, aber flotti.«

Emsig hobeln die Zwerge die letzten Späne ab, dann werfen sie die Räuchermännchen in die Kiepe und nehmen sich sofort ein neues Holzstück.

»Wieso muss bei euch alles so schnell gehen?«, fragt Jola.

»Na hör mal«, schnauft Knorps. »Ist doch Weihnachten.«

Jola nickt. »Fest der Liebe, des Schenkens und der Be-sinn-lich-keit.« Das hat Jola sich nicht selbst ausgedacht. Das sagt die dünne Lotti immer.

»Pustekuchen!«, keucht Plim, während seine Finger nur so über das Holzstück fliegen. »Nichts da mit Besinnlichkeit.«

»Irgendjemand muss doch den ganzen Weih-

nachtsschmuck rechtzeitig fertig machen«, sagt Tups, nimmt die rote Mütze vom Kopf und wischt sich damit den Schweiß von der Stirn.

»Die Menschen wollen jedes Jahr mehr«, sagt Knorps.

»Und immer was Neues«, bestätigt Plim.

»Weihnachtskühe!«

»Weihnachtskängurus!«

»Weihnachtswarzenschweinchen!«

Die drei Zwerge seufzen.

»Wenn wir den Weihnachtsschmuck und die Geschenke nicht rechtzeitig fertig bekommen, steht der Weihnachtsmann mit leeren Händen da«, erklärt Knorps.

»Würde dir das gefallen, wenn der Weihnachtsmann ohne Geschenke antanzt?«, fragt Plim.

»Na ja …« Jola kratzt sich am Kopf.

»Siehste. Alle wollen Geschenke«, sagt Plim.

»Und wir kommen kaum noch hinterher«, erklärt Tups.

»Wenn wenigstens die Wege zwischen den einzelnen Fertigungsstellen nicht wären«, ergänzt ein Zwerg mit einem blinkenden Stern auf der Mütze, der gerade mit einer Schubkarre bei ihnen hält und eine Lieferung Holzklötze auskippt. »Unsere Beine sind einfach zu kurz für die Strecken, die immer länger werden, je mehr wir herstellen.«

»Aber meine nicht.« Jola zeigt auf ihre Beine. »Ich helfe euch!«

Der Zwerg mit dem blinkenden Stern auf der Mütze zeigt Jola, was sie alles von wo nach wo bringen muss. Das ist wirklich eine ganze Menge. Holzklötze, Metallstangen, Farbeimer, Steinplatten, Glasscheiben, Nägel, Schrauben und Kleber müssen an die einzelnen Zwergengruppen geliefert werden. Geschnitzte Räuchermännchen, Nussknacker und Weihnachtsengel (oder Weihnachtskühe, Weihnachtskängurus und Weihnachtswarzenschweinchen) müssen zur Weiterverarbeitung erst zum Bemalen, dann zum Lackieren, danach zum Trockenfönen und schließlich zum Verpacken gebracht werden.

Jola eilt von einer Ecke des Bergwerks in die andere. Immer hat sie alle Hände voll. Und immer hat sie irgendwo irgendetwas vergessen.

Die Zwerge rufen wild durcheinander:

»Wo bleiben die Nussknacker?«

»Wir brauchen mehr Farbe!«

»Eine neue Lieferung Schrauben, aber flotti!«

Jola rinnt der Schweiß von der Stirn. Der Rücken tut ihr weh, weil sie die ganze Zeit gebückt läuft. Sie will den Zwergen wirklich gerne helfen, aber … »Ich kann nicht mehr!«, sagt sie und lässt sich auf einem Stein nieder.

»Du gibst auf?«

»Na schönen Dank auch.«

»Haben wir uns ja gleich gedacht.«

»Wisst ihr was?« Jola steht so schnell wieder auf, dass

sie sich den Kopf an der Decke stößt. »Ihr braucht ein Fließband!«

»Vliesband?«

»Nein, ich glaube, sie meint ein fließendes Band.«

»Ach. Fließend, wie ein Fluss?«

Jola schlägt sich mit der Hand an die Stirn. »Oh Mann! Ihr habt doch ein Fließband. Den Fluss!«

Zusammen mit den Zwergen legt Jola ein paar Nussknacker in eine Kiste. Dann setzt sie die Kiste auf den Fluss, der sich durch das Bergwerk schlängelt. Die Kiste schippert binnen Sekunden von einer Zwergengruppe zur nächsten. Am anderen Ende ziehen die Zwerge die Kiste mit den Nussknackern wieder aus dem Wasser.

»Hurra!«, rufen Plim, Knorps, Tups und die anderen Zwerge.

»Das geht ja flotti!«

Jola strahlt. Schnell hilft sie den Zwergen, die Kisten für die Reise auf dem Flussband zu füllen. Doch als sie eine bis an den Rand beladene Kiste mit Schrauben auf den Fluss setzen will, rutscht Jola von den nassen Steinen am Ufer ab und fällt ins Wasser. Die Fluten schließen sich über ihrem Kopf und Jola ist verschwunden.

14

Jola hört das Wasser rauschen. Schnell stößt sie sich vom Grund ab und schwimmt zurück zur Oberfläche. Doch was ist das? Eine Eisschicht liegt auf dem Wasser. Jola stößt mit dem Wischmopp gegen das Eis, bis es kracht. Als Jola versucht, aus dem Loch zu klettern, streckt ihr jemand einen Stock entgegen. Jola greift danach und wird aus dem Wasser gezogen.

Erst als sie sich ein paar Sekunden erholt hat, sieht Jola, dass sie auf einem zugefrorenen Waldsee liegt. Vor ihr stehen zwei Einhörner.

»Habt ihr mich mit euren Hörnern aus dem Wasser gezogen?«, fragt Jola.

»Das war ich, Roburo«, sagt das Einhorn mit dem goldenen Horn.

»Und ich, Argenta, werde dich trocknen«, sagt das andere Einhorn. Es hat ein silbernes Horn. Argenta lässt ihre lange weiße Mähne über Jola gleiten. Kaum fällt die Mähne auf Jolas Haare und Kleider, trocknen sie.

»Wo kommst du her?«, fragt Roburo.

Jola überlegt, ob sie den Einhörnern die ganze Geschichte erzählen soll. Doch dann sagt sie nur: »Aus dem Schrank.«

Roburo und Argenta sehen sich fragend an. Dann zucken sie mit den Schultern. »Wie auch immer. Willkommen im Einhornwald«, sagt Argenta.

In dem Moment ertönt über ihnen ein Schrei und Gejaule. Es rauscht, als würde der Himmel auf sie stürzen. Jola, Argenta und Roburo sehen in letzter Sekunde noch nach oben.

Ein goldener Schlitten samt Rentier saust aus dem Himmel auf sie zu. Die Ohren vom Rentier flattern im Flugwind. Die Geschenke, mit denen der Schlit-

ten beladen ist, purzeln auf die Erde hinab. Eins bleibt direkt vor Jola liegen.

KRACH!, landet das Rentier, mit den Hufen nach oben, nur ein paar Zentimeter neben dem zugefrorenen See im Schnee. »Öch, öch, öch«, stöhnt es.

Jola, Roburo und Argenta starren das Rentier an. Vorsichtig nähern sie sich ihm.

»Wo kommst du denn her?«, fragt Roburo.

»Vom Himmel hoch, da komm ich her …«, ächzt das Rentier.

»Und du willst uns sagen: Es weihnachtet sehr?«, vermutet Jola.

»Eben nicht.« Das Rentier schüttelt den Kopf, dass der Schnee von seiner Nase fällt. »Es weihnachtet dieses Jahr überhaupt nicht. Ich hab nämlich …« Das Rentier murmelt etwas und vergräbt die Schnauze wieder im Schnee.

»Was hast du?«, fragt Argenta.

Das Rentier schielt nach oben in den Himmel. »Ich hab den Weihnachtsmann verloren.«

»WAS?!«, ruft Jola. Sie hat

auch schon oft etwas verloren. Ihre Mütze, ihre Trinkflasche und einmal sogar Oma Pudding beim Einkaufen. Aber den Weihnachtsmann verlieren – das geht doch nicht!

Das Rentier hebt den Kopf. »Er muss irgendwann beim Absturz vom Schlitten gefallen sein. Genau wie die Hälfte der Geschenke.« Das Rentier dreht sich zum Schlitten um. Er ist fast dreimal so groß wie das Rentier selbst.

»Wieso bist du überhaupt abgestürzt?«, fragt Roburo.

»Weil ich nicht mehr kann«, schnauft das Rentier. »Seit fünfhundert Jahren bin ich im Dienst. Jedes Jahr habe ich dem Weihnachtsmann treu gedient. Ihn immer pünktlich abgeholt und die Geschenke mit ihm ausgeliefert. Aber irgendwann ist Schluss. Irgendwann muss auch ein Rentier in Rente gehen.«

Jola mustert das Rentier. »Stimmt. Du bist viel zu klapprig zum Schlittenziehen.«

»Klapprig? Ich?« Das Rentier sieht Jola entrüstet an. Es rappelt sich auf, wobei es zunächst mehrmals wieder im Schnee landet. Doch schließlich steht es, stemmt sich mit aller Kraft ins Zaumzeug und zieht, bis seine Nase rot wird und das Geweih erzittert. Der Schlitten bewegt sich allerdings keinen Zentimeter. Mit einem Schnaufen sinkt das Rentier in sich zusammen und bleibt wie ein Maulwurfshügel am Boden liegen.

»Geh doch jetzt sofort in Rente«, rät Roburo.

»Solange du überhaupt noch gehen kannst«, fügt Argenta hinzu.

Das Rentier hebt müde den Kopf. »Wer soll denn dann die verloren gegangenen Geschenke einsammeln, den Weihnachtsmann finden und mit ihm die Geschenke ausliefern?«

»Na, ich!«, sagt Jola. »Ich suche den Weihnachtsmann sowieso schon die ganze Zeit. Und ganz viele Geschenke einsammeln – das kann ich auch.« Im Nu hat Jola die Geschenke, die am See verstreut liegen, wieder auf den Schlitten gelegt.

Das Rentier mustert Jola. Dann sieht es zu dem gigantischen, voll beladenen Schlitten und wieder zurück zu Jola. »Geschenke einsammeln, das kannst du. Und du bist auch noch weit von der Rente entfernt. Aber mit den dünnen Ärmchen und Beinchen könntest du noch nicht einmal den leeren Schlitten ziehen.«

»Aber wir können das«, sagt Roburo und Argenta nickt.

»Genau!«, sagt Jola. »Ihr zieht, ich lenke und du, Rentier, kannst dich auf den Schlitten legen und in Rente gehen. Du musst mir nur sagen, welchen Weg ich nehmen muss.«

Bevor das Rentier etwas einwenden kann, nimmt Jola ihm das Zaumzeug ab und legt es den beiden Einhörnern um. Dem Rentier bleibt nichts anderes übrig, als auf den Schlitten zu klettern. Jola setzt sich auf den Kutschbock.

»Erst einmal müssen wir aus dem Einhornwald heraus«,

sagt das Rentier mit matter Stimme. »Dann weiter bis zum Krähenfelsen. Von dort aus erheben wir uns in die Lüfte.«

»Habt ihr gehört, Roburo und Argenta? Hü, hü!«, ruft Jola und die beiden Einhörner laufen los. Jola hält die Augen nach Geschenken und nach dem Weihnachtsmann offen.

Der Schlitten gleitet so leicht über den Schnee, als wäre er aus Papier. Immer schneller laufen die Einhörner. Das Rentier ist längst auf dem Schlitten eingeschlafen und lächelt im Traum. Jola kitzelt es in der Nase – vom Fahrtwind und vor Vorfreude auf den Weihnachtsmann. Die Tannen stehen schon nicht mehr so dicht und bald haben sie das Ende des Einhornwaldes erreicht. Moment mal! Blitzt dort nicht etwas Rotes durch die Äste? Jola stellt sich auf den Kutschbock, um besser sehen zu können. Tatsache! Eine Gestalt in einem roten Mantel mit einem langen weißen Bart klopft sich den Schnee von den Ärmeln. Plötzlich taucht direkt vor Jolas Gesicht ein dicker Tannenzweig auf. Er rauscht so schnell auf sie zu, dass Jola sich nicht mehr ducken kann. Sie bleibt an dem Zweig hängen und der Schlitten fährt ohne sie weiter.

15

»Achtung! Bruchlandung!«, krächzt eine Stimme.

Jola sieht nach unten. Sie ist in einem fremden, weihnachtlich geschmückten Wohnzimmer. Etwas pikt sie in den Popo. Es sind Tannennadeln. Jola sitzt auf einem Weihnachtsbaum! Lametta hat sich in ihren Haaren verfangen. An ihrer Nase baumelt eine Christbaumkugel. Der Baum biegt sich bedrohlich unter Jolas Gewicht.

»Dicker Engel auf dem Weihnachtsbaum! Rette sich, wer kann!«, fiept eine andere Stimme.

»Ich bin kein Engel!«, ruft Jola. »Und dick auch nicht.«

»Stimmt, so dödeldumm stellt sich kein Engel an!«, kichert eine andere Stimme.

Jola streift sich das Lametta aus dem Gesicht und lässt ihren Blick umherschweifen. Der Raum ist menschenleer. Plötzlich zwickt sie jemand in die Wade. »Wer war das?«

Nur ein paar Äste unter ihr kichert jemand. Jola beugt sich nach unten. Ein Kobold, kaum größer als Jolas Hand, schaukelt auf einem Glöckchen.

»Na warte!« Jola holt mit der Hand aus und schnappt nach dem Kobold. Doch der springt mit einem Satz vom

Glöckchen. Jola verliert das Gleichgewicht, kippt vornüber und stürzt vom Weihnachtsbaum.

Sie rappelt sich wieder auf und befreit sich von Tannennadeln, Lametta und anderem Christbaumschmuck. Ein mehrstimmiges Kichern breitet sich wie ein Schneeschauer um sie herum aus. »Das ist gar nicht lustig!«, sagt Jola. Erst jetzt sieht sie, dass es im Raum nur so vor Kobolden wimmelt. Ein Kobold schmückt den Weihnachtsbaum mit Zwiebelringen. Drei andere Kobolde verteilen statt Lametta Klopapier auf dem Baum, während ein kräftiger Kobold den Stamm unten ansägt. Hinter Jola frisst ein Kobold ein Loch in eine Socke, die am Kamin hängt. Auf dem Tisch tupft ein Kobold liebevoll Ketchupkleckse auf die Weihnachtsplätzchen, ein anderer malt Herzchen aus Senf auf die Lebkuchen.

»Was macht ihr denn da?«, fragt Jola entsetzt.

»Wir feiern Weihnachten«, ruft ein Kobold, schwingt sich an einer Lichterkette durch den Raum, lässt los, überschlägt sich dreimal und landet auf dem Rücken eines Plüschrentiers, das unter der Last alle vier Beine von sich streckt.

Die anderen Kobolde

jubeln und einige schnappen sich sogleich die Lichterkette, um ebenfalls durch den Raum zu segeln.

»So feiert man doch nicht Weihnachten!« Jola verschränkt die Arme.

Die Kobolde kichern, sausen um Jola herum, manche
hüpfen sogar auf sie drauf, ziehen an ihren Haaren und
zwicken sie. Alle reden durcheinander:

»Klar feiert man so.«

»Wie denn sonst?«

»So wie du?«

»Lammfromm herumsitzen.«

»Laaangweilig.«

»Spiel lieber mit uns!«

»Au ja, spielen, spielen, spielen!«

»Wetten, dass wir bei allen Spielen besser sind als du?«

»Hunderttausendmillionen Mal besser!«

»Du Trantrulla!«

»Ich bin keine Trantrulla!« Jola steht auf und schüttelt
die Kobolde ab. »Also spielen wir!«

»Jippie!«

»Topfschlagen!«

Schon holen die Kobolde einen Topf. Ein Kobold
kriecht darunter. Ein anderer drückt Jola ihren Wischmopp in die Hand, zwei weitere Kobolde klettern auf ihre
Schultern und verbinden ihre Augen mit einem Schal.

»Such den Topf, du Eierkopf!«, rufen die Kobolde.

»Ich bin kein Eierkopf!« Jola stapft durch den Raum

und schlägt mit dem Wischmopp nach dem Topf. Irgendwie muss sie diese Kobolde in den Griff bekommen, sonst vermasseln sie noch das ganze Weihnachtsfest.

»Kalt!« – »Heiß!« – »Lauwarm!«, rufen die Kobolde und kichern.

Jola stößt mit dem Mopp gegen einen Stuhl, gegen die Schrankwand und fegt eine Vase vom Regal, die klirrend zu Bruch geht.

Die Kobolde jauchzen. Der Topf mit dem Kobold darunter bewegt sich durch den Raum. Immer wenn Jola ihn fast erwischt, huscht er weg. Schließlich reißt Jola sich den Schal von den Augen. »Das ist gemein. Ihr schummelt!«

»Schummeln? Kenn ich gar nicht«, sagt der Kobold unter dem Topf.

»Wir schummeln doch nicht, wie schunkeln höchstens.« Die Kobolde kichern und haken sich beieinander ein.

»Los, wir spielen Fangen!«, ruft ein Kobold und kneift Jola in den Po. »Du bist!«

Blitzschnell dreht sich Jola um und greift nach dem Kobold, doch der ist längst auf den Weihnachtsbaum geklettert. Jola hechtet nach einem anderen Kobold, der auf einer Sessellehne turnt. In letzter Sekunde springt er auf das

Sitzpolster, prallt ab und schießt wie ein Silvesterknaller zur Deckenlampe. Die Lampe quietscht, während er darauf schaukelt und Jola die Zunge herausstreckt.

In dem Moment huscht ein blauhaariger Kobold an Jolas Füßen vorbei. »Fang mich doch, Dreikäsehoch!«, ruft er. Jola stürzt sich auf den Kobold, der kichernd unter das Sofa abzischt. »Geh doch in Rente, du lahme Ente!«

»Fangenspielen ist blöd!« Jola zieht eine Schnute.

»Was willst du denn spielen?«, fragt der Kobold unterm Sofa.

Da muss Jola nicht lange überlegen. »Verstecken!«, sagt sie, denn das ist ihr Lieblingsspiel. Außerdem kann sie die Kobolde beim Versteckspiel vielleicht austricksen.

Sofort flitzen die Kobolde in Verstecke davon, wie Kakerlaken in einem dunklen Raum, in dem plötzlich jemand das Licht einschaltet.

»Nicht so. ICH verstecke mich, IHR müsst suchen«, erklärt Jola.

Die Kobolde kommen wieder hervor. »Auch gut.«

»Mach schon, versteck dich.«

»Wir zählen bis zehn.«

»Oder bis neuneinhalb.«

Jola huscht mit ihrem Wischmopp durch das Zimmer. Fieberhaft sucht sie nach einem Versteck. Es muss ein ganz besonderes Versteck sein – ein Versteck, das sich in eine Falle verwandelt. Unter dem Wohnzimmertisch findet Jola, was sie sucht. Dort steht eine Umzugskiste, in der der Christbaumschmuck aufbewahrt wurde. Schnell reißt Jola eine Franse vom Wischmopp ab und legt sie so über den Kartonrand, dass noch ein Stück herausguckt. Dann nimmt sie sich ein Geschenkband vom Tisch und versteckt sich hinter dem Karton.

Eine Sekunde später strömen die Kobolde durch das Zimmer. »Eckstein, Eckstein, alles muss versteckt sein!«, krakeelen sie.

»Da ist sie!«, schreit ein Kobold und zeigt auf die Franse, die aus der Kiste hängt.

Die Kobolde stürmen auf den Karton zu. Sie flitzen, hüpfen und klettern übereinander hinein. Kaum ist der letzte Kobold darin verschwunden, stürzt Jola hinter der Kiste hervor und schlägt die beiden Deckelklappen zu. Dann nimmt sie das Geschenkband, wickelt es um den Karton und verknotet es fünfmal, bevor sie eine Schleife macht.

Die Kobolde drücken von innen gegen den Deckel, aber das Geschenkband hält.

»Ihr vermurkst niemandem mehr das Weihnachtsfest!« Jola klopft auf den Karton.

Dann steht sie mit so viel Schwung auf, dass sie sich den Kopf an der Tischplatte stößt. Einen Moment sieht Jola nichts als Sternchen. Plötzlich wird es dunkel.

16

Jola kommt von einem Knirschen unter ihrem Kopf wieder zu sich. Sie blinzelt und gähnt. Auf einmal hat sie lauter Sandkörner im Mund. Schnell richtet sie sich auf, wischt sich den Sand aus den Mundwinkeln und sieht sich um. So weit ihr Auge reicht, ist nichts als Sand. Sanfte, hellbraune Hügel, auf denen der Wind seine wellenförmigen Spuren hinterlassen hat, ziehen sich bis zum Horizont.

Jola schnappt ihren Wischmopp, steigt einen Hügel hinauf und kullert sich laut lachend hinunter. Es ist mindestens so gut wie Rodeln. Am Ende des Hügels bleibt sie sitzen und wuschelt sich den Sand aus den Haaren.

Da hört sie eine Stimme ganz in der Nähe: »Oje! Oh nein! Halte ein!«

Jemand kommt über den Hügel gestürmt. Zuerst sieht Jola nur eine Herde Schafe. Dann erkennt sie ein Männchen mit einer Zipfelmütze und einem spitzen weißen Bart. Es reitet auf einem Schaf. Dabei sieht es nicht sehr glücklich aus. Es hängt schief auf dem Schafrücken und umklammert den Schafhals mit beiden Armen. »Stopp, du Schaf!«, ruft es.

Das Schaf blökt und rennt mit den anderen Schafen den Hügel herunter. Immer schneller. Die Ohren wehen im Wind und das Schaf grinst glückselig. Fast sieht es aus, als würde es fliegen.

Doch dann verschwindet auf einmal der glückselige Ausdruck. Das Schaf erschreckt sich, als es Jola sieht, und guckt ganz schön belämmert. Es stolpert über seine eigenen Beine, geht zu Boden und rammt mit der Schnauze in den Sand. Das Männchen auf seinem Rücken fliegt im hohen Bogen

über die Wüstenlandschaft, überschlägt sich mehrmals und plumpst direkt vor Jola in den Sand.

Über Jola geht ein Schauer aus feinem, hellem Sand nieder. Gerade noch rechtzeitig hält sie sich die Hände vors Gesicht. Als der Sand zu Boden gerieselt ist, kniet sich Jola vor das Männchen und stupst es an. »Du bist jetzt aber nicht tot, oder?«

Das Männchen hebt den Kopf und blinzelt. Voller Panik fasst es plötzlich nach einem kleinen Säckchen, das neben ihm im Sand liegt. »Och nee, och nee, ojemine!« Mit traurigen Knopfaugen schaut das Männchen in den Sack hinein.

»Was ist ojemine?«, fragt Jola.

Das Männchen blickt auf. »Mein Säckchen voller Schlafsand«, sagt es und hebt den leeren Sack hoch. »Leer. Bis auf den letzten Krümel. Dass mir das ausgerechnet mit dem extra starken Weihnachtsschlafsand passieren muss!«

»Du bist das Sandmännchen?«, fragt Jola.

»Jawohl. Ich bin für die zuverlässige Lieferung von Schlafsand und süßen Träumen zuständig«, erwidert der Sandmann. »In der Nacht, in der der Weihnachtsmann kommt, streue ich immer ganz besonderen Sand. In dieser Nacht sind die kleinen Steppkes immer furchtbar aufgeregt und wollen am liebsten gar nicht einschlafen. Aber mein Weihnachtsschlafsand wirkt besonders schnell und sorgt für extra tiefen Schlaf. Dieses Jahr jedoch ...« Der

Sandmann guckt in das leere Säckchen. »Och nee, och nee, ojemine!«

Jola würde den Sandmann gerne trösten. Aber wie?

»Und alles nur, weil ich zu faul war, zu Fuß zu gehen, und mich auf den Rücken eines Schafs gesetzt habe«, schluchzt der Sandmann. »Mann, Mann, Manno!«

»Und jetzt liegt der extra starke Weihnachtsschlafsand mitten im Sand«, sagt Jola.

Der Sandmann nickt. »Es ist ein riesengroßer Schlamassel. Zwar kann man den Weihnachtsschlafsand vom normalen Sand unterscheiden, da er viel feiner und heller ist. Aber wie soll ich es rechtzeitig schaffen, all die winzig kleinen Sandkörner wieder einzusammeln?«

Jola steckt kurzentschlossen den Wischmopp mit dem Stiel in den Sand, setzt sich neben das Sandmännchen und sagt: »Ich mache mit.«

Jola und der Sandmann beugen sich über den Sand, kneifen die Augen zusammen, picken mit den Fingerspitzen die feinen Sandkörner heraus und legen sie in das Säckchen. Sie nehmen jedes Sandkorn einzeln in die Hand, betrachten es prüfend und werfen so Sandkorn für Sandkorn in das Säckchen. Schon nach einer halben Stunde hat Jola das Gefühl, ein Sandkorn sieht aus wie das andere, und vor ihren Augen verschwimmt alles. Doch sie will dem Sandmann helfen und nicht einfach aufgeben.

Nach drei Stunden ist gerade mal der Boden des Säckchens bedeckt. Jola schmerzt der Rücken vom gebeugten Sitzen. Dem Sandmann tränen die Augen vom angestrengten Gucken.

»Vergiss es, das schaffen wir niemals«, stöhnt das Sandmännchen.

Jola mag es gar nicht, wenn sie etwas nicht schafft. Können sie den Weihnachtsschlafsand nicht irgendwie einfacher und schneller wieder in das Säckchen bekommen? Plötzlich leuchten Jolas Augen auf. »Wir brauchen ein Sieb!«

»Gute Idee. Du hast nicht zufällig eins dabei?«

Jola schüttelt den Kopf und sieht sich um. Um sie herum ist nichts als Wüste. Und Schafe. Dann bleibt ihr Blick am Zipfel der Sandmannmütze hängen. »Wir können doch Löcher in deine Zipfelmütze machen.«

»Och nee, och nee, ojemine.« Der Sandmann nimmt wehmütig seine Mütze ab. Aber besser eine Mütze mit Löchern als Millionen Kinder, die am Weihnachtsabend nicht einschlafen können. Der Sandmann gibt die Zipfelmütze seinen Schafen, die genüsslich kleine Löcher in den Stoff fressen. Dann hält er die Mütze mit dem Zipfel nach unten über das Säckchen.

Jola schüttet eine Hand voll Sand in die Mütze. »Jetzt wackeln«, sagt sie.

Der Sandmann ruckelt und zuckelt an der Mütze. Ganz feiner Sand rieselt aus den Löchern und landet im

Säckchen. Nur die groben Sandkörner, die nicht durch die Löcher passen, bleiben zum Schluss noch in der Mütze. Der Sandmann schüttet sie aus und Jola kippt wieder eine Handvoll Sand in das Zipfelmützensieb.

»Es klappt!«, ruft das Sandmännchen, als es sieht, wie sich sein Säckchen mit dem feinen Weihnachtsschlafsand füllt. »Oh ja, oh ja, oh jippie!«

Die Schafe schauen dem Sandmann und Jola neugierig über die Schulter und blöken.

Es dauert nicht lange und das Sandsäckchen ist wieder bis zum Rand gefüllt. Der Sandmann schüttelt seine Zipfelmütze aus und setzt sie wieder auf. »Ohne dich hätte ich das nie geschafft«, sagt er zu Jola. »Dafür bekommst du die erste Prise vom allerfeinsten, extra starken Weihnachtsschlafsand.«

»Warte! Ich muss doch erst den Weihnachtsmann finden.« Doch bevor Jola die Augen zukneifen kann, greift der Sandmann in das Säckchen, holt etwas Schlafsand heraus, streut ihn Jola entgegen und schickt sie ins Reich der Träume.

17

Jola wird von einem Donnergrollen geweckt. Sie schreckt hoch und Blitze zischen links und rechts nur haarscharf an ihrem Kopf vorbei. Sie sitzt auf einem Berggipfel. Weit unter ihr breitet sich die Erde aus wie eine Spielzeuglandschaft.

»Ich bin auf dem höchsten Berg der Welt«, haucht sie.

»Falsch. Du bist auf meinem Knie«, dröhnt eine Stimme hinter ihr.

Jola fährt herum. Zuerst denkt sie, hinter ihr würde sich ein noch höherer Gipfel erheben. Doch dann erkennt sie, dass dieser Berg Augen, eine Nase und einen Mund hat. »Bist du groß!«

»Nicht doch, totaler Durchschnitt für einen Riesen«, erwidert der.

Der Körper des Riesen ist von Erde und Steinen bedeckt. Auf seinen Armen und Schultern wachsen Moos, Gräser und Sträucher. Sein langer, dunkler Bart wiegt sich wie Tannen im Wind.

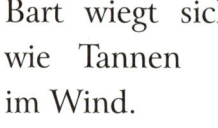

Der Riese greift mit der Hand in seinen Bart, wühlt eine Weile darin herum und zieht schließlich einen Blitz heraus. Dann holt er aus und schleudert den Blitz auf die Erde.

»Was machst du da?«, fragt Jola.

»Wetter«, erwidert der Riese und holt eine dicke Gewitterwolke aus dem Bart. Er legt sie auf seine Handfläche, pustet einmal kräftig und die dunkle Wolke zieht zur Erde hinab.

»Darf ich auch mal?«, fragt Jola und klettert zum Bart des Riesen.

»Nur zu. Wetter kann man gar nicht genug machen«, sagt der Riese.

Jola kramt im dichten Bart. Schließlich bekommt sie etwas zwischen die Finger. Es ist ein Bündel Sonnenstrahlen. Wie Speere wirft Jola sie zur Erde.

»Jawoll. Und gleich noch einen Hagelschauer hinterher!«, ruft

der Riese, zieht eine Handvoll eisiger Körner aus dem Bart und schmeißt sie in die Luft.

»Und einen heftigen Sturm!«, ruft Jola, die eine Windhose aus dem Bart gefischt hat und sie nach unten schleudert.

»Und schauriger Nebel«, sagt der Riese und stößt eine dichte, hellgraue Wolke auf, die sich auf die Erde senkt.

»Eine Prise Griesel und Graupel fehlt noch.« Jola streut die angefrorenen Wassertröpfchen mit den Fingerspitzen auf die Erde.

»Ein ordentlicher Regenguss gehört auch dazu«, findet der Riese, nimmt einen Eimer Wasser und schüttet ihn über der Erde aus.

Jola und der Riese lassen es stürmen, gewittern, hageln und regnen. Sie senden Kälte und Hitze, Hochdruckgebiete und Tiefdruckgebiete, feuchte und trockene Luftmassen zur Erde. Immer schneller wechseln sie das Wetter und ziehen immer größere Blitze, Gewitterwolken und Regengüsse aus dem Bart.

»Ist das ein Wetterchen!«, lacht der Riese und jongliert mit drei Tornados.

Jola schiebt gerade eine Hitzewelle an, die kurz darauf ins Tal auf die Erde rollt.

»So einen Spaß hatte ich schon lange nicht mehr beim Weihnachtswetterdienst«, ruft der Riese.

Jola will gerade einen Schauer aus dem Bart ziehen, als sie innehält. Weihnachten! Das hätte sie vor lauter Wettermachen fast vergessen. »Riese, hör sofort auf!«, ruft sie. »Wir müssen den Schnee leise rieseln lassen und Kälte auf die Erde schicken, damit alle Seen zufrieren und Eisblumen an den Fenstern blühen.«

»Hä? Wieso denn das jetzt?« Der Riese stemmt die Hände in die Hüften.

»Weil sich alle Menschen jedes Jahr eine weiße Weihnacht wünschen«, erwidert Jola.

»Na und.« Der Riese zuckt mit den Schultern. »Mir doch schnuppe. Mein größter Weihnachtswunsch geht schließlich auch nie in Erfüllung.« Er will einen der Tornados nach unten schleudern, doch Jola zieht an seinem Arm.

»Was ist denn dein größter Wunsch?«

»Denk bloß nicht, dass du hier den Weihnachtsmann spielen kannst«, sagt der Riese. Dann schiebt er die

Unterlippe vor und blickt traurig vor sich hin. »Meinen Wunsch kann mir niemand erfüllen. Noch nicht einmal der Weihnachtsmann, der Osterhase und alle guten Feen der Welt zusammen.«

»Sag schon, was wünschst du dir?«

Der Riese seufzt. »Ich würde gerne nur einmal in meinem Leben schaukeln.«

»Schaukeln?« Jola kichert. »Das kann doch jedes Kind!«

»Ja, aber kein Riese. Es gibt auf der ganzen Welt keine Schaukel, die groß genug für mich ist.«

»Bau dir doch eine«, sagt Jola. »Eine RIESENschaukel.«

Der Riese winkt ab. »Hab ich schon probiert. Mit Brücken, Hochhäusern und Bäumen. Ist alles zusammengeklappt, sobald ich mich auch nur mit einer Pobacke auf die Schaukel gesetzt habe.«

»Du brauchst eine Schaukel, die größer ist als die Welt«, überlegt Jola. Ihr Blick wandert zum Himmel. Dann schnippt sie mit den Fingern. »Du kannst doch jedes Wetter machen, stimmt's?«

»Na sicher doch«, sagt der Riese.

»Auch einen Regenbogen?«

Der Riese greift in seinen dichten Bart, sucht kurz in der linken Seite, dann länger in der rechten. Schließlich zieht er einen strahlenden Regenbogen hervor. Wie einen Bumerang schleudert er den Regenbogen in den Himmel.

Dort wird er immer größer, bis er das ganze Himmelszelt umspannt.

»Jetzt musst du ihn nur noch umdrehen«, sagt Jola. »Dann ist er eine Riesenschaukel.«

Der Riese stutzt. »Eine Riesenregenbogenschaukel!«, haucht er und seine Augen beginnen zu leuchten. »Wieso bin ich Riesentrottel nicht selbst darauf gekommen.« Er steht auf und setzt Jola auf einer Winterwolke ab, die gerade am Berggipfel vorbeischwebt. Dann greift er nach dem Regenbogen. Als er ihn umdreht, quietscht es leise. Vorsichtig setzt sich der Riese mitten auf den Bogen – erst mit der linken Pobacke, dann mit der rechten – und beginnt zu schaukeln. Zunächst ganz leicht, bald immer wilder. Er streckt Arme und Beine, lehnt sich weit zurück und holt kräftig Schwung. Sein Bart rauscht vor und zurück. Seine Augen strahlen wie Weihnachtssterne.

»Ich habe eine Riesenschaukel!«, ruft er. »Dieses Jahr gibt es weiße Weihnachten. Für alle Menschen!«

Doch Jola hört den Riesen nur noch von fern. Sie schwebt auf der Wolke davon, in eine andere Welt.

18

Jola schwebt auf der Riesenwolke auf einen Felsen zu, der aus einem Wald ragt. Hinter dem Felsen leuchtet der Mond silbern am Himmel. Um den Felsen herum kreisen gewaltige Vögel. Doch Moment – die Vögel haben Arme und Beine und tragen spitze Hüte. Sie haben krumme Nasen und kichern wie … Hexen!

Jola schwebt immer näher an den Felsen heran. Jetzt erkennt sie, dass die Hexen auf Besen fliegen, aus denen hinten Funken sprühen. Sie kreisen um den Felsen und singen, genauso krumm und schief wie ihre Nasen: »Lirum Larum Besenstiel, gleich beginnt das böse Spiel, doch vorher lasst uns laben an teuflisch' Kräutergaben.«

Die Hexen setzen sich in einem Kreis um einen kupfernen Kessel. Jolas Wolke schwebt jetzt direkt über dem Kessel. Alle Hexen schielen nach oben.

»Besuch?«, krächzt eine Hexe.

»Zu später Stunde?«, eine andere.

Plötzlich löst sich die Riesenwolke in nichts auf. Jola rudert mit Armen und Wischmopp und stürzt auf den brodelnden Kessel zu.

Zack!, saust eine kleine Hexe über den Kessel, schnappt sich Jola am Kragen, schwingt sie hinter sich auf den Besen und fliegt eine Runde um den Felsen. Dann setzt sie Jola ab.

»Willkommen zum weihnachtlichen Hexentanz. Ich bin Veruka«, sagt die kleine Hexe.

Jola sitzt der Schrecken noch so sehr in den Gliedern, dass sie nur »Jola« hauchen und nicken kann.

»Wunderbar, noch eine Hexe!«, ruft eine alte Hexe mit Kopftuch. »Je mehr Hexen, desto besser.«

»Ich bin keine Hexe«, sagt Jola.

Die Hexen kreischen, als hätte Jola einen Spitzenwitz gerissen.

»Natürlich bist du eine Hexe«, sagt Veruka. »Du bist mit einem Besen hergekommen.« Sie zeigt auf den Wischmopp.

»Dein Gesicht schimmert grün-lich«, behauptet eine andere Hexe.

»Und deine Nase ist auch total krumm«, sagt die alte Hexe.

»Gar nicht!«

Doch die Hexen beachten Jola nicht mehr, sondern rutschen näher an den Kessel heran. Die alte Oberhexe stellt sich neben den Kessel. Sie öffnet die linke Hand und ein paar Spinnenbeine fallen in den Kessel. Das Gebräu zischt und spritzt. In der rechten Hand hat die Oberhexe eine Schöpfkelle, mit der sie umrührt.

»Was wird das?«, fragt Jola Veruka und deutet zum Kessel.

»Unser Flugtrunk. Selbst wenn unseren Besen der Sprit ausgeht, können wir damit extra lange fliegen«, erklärt Veruka. »Das müssen wir nämlich in der Weihnachtsnacht. Wir wollen den gesamten Flugraum absperren, um den Weihnachtsmann abzufangen.«

»Wieso wollt ihr ihn abfangen?«, fragt Jola mit großen Augen.

»Na, weil er sonst nie zu uns kommt.«

»Nur, weil ihr nicht brav seid.« Jola nickt ernst.

»Brav sein? Was ist das denn?«

»Auf Erwachsene hören, nicht hauen oder kneifen, nicht in die Hose pullern, nicht im Supermarkt pupsen, sich nicht streiten, Bitte und Danke sagen, keine Popel an Omas Couch schmieren, mit anderen teilen, nicht schwindeln und noch ganz viele andere Sachen.«

Veruka sieht Jola entsetzt an. »Das muss man alles machen, damit der Weihnachtsmann kommt?«

»Ich glaube, es reicht, wenn man jedes Jahr eine Sache macht. Nächstes Jahr Weihnachten muss man ja auch wieder brav sein.«

Darüber muss Veruka erst mal nachdenken. Und Jola darüber, was passiert, wenn die Hexen den Weihnachts-mann abfangen. Die lassen ihn doch bestimmt nie wieder weg! Jola steckt die Hände in die Hosentaschen, kaut auf der Unterlippe und überlegt.

Die Oberhexe wirft gerade einen Schwung Kakerlaken-fühler in den Kessel, in dem es daraufhin wie verrückt blubbert. »Jetzt noch ein paar Flugkuchenherzen und der Flugtrunk ist fertig!«, ruft sie.

Die Hexen kreischen und recken die Besen in den Himmel.

Da spürt Jola plötzlich etwas Feines, Körniges in den Hosentaschen und hat eine Idee. »Veruka«, flüstert sie. »Du musst mir helfen. Ihr dürft den Weihnachtsmann nicht abfangen.«

»Nicht?«

»Auf gar keinen Fall. Er muss doch die Geschenke zu den Kindern bringen.«

»Zu den braven Kinder. Die nicht im Supermarkt pup-sen und immer Bitte und Danke sagen.«

»Genau. Du musst die anderen Hexen ablenken, damit ich das hier in den Flugtrunk werfen kann.« Jola zieht eine Hand aus der Hosentasche. Auf ihrer Handfläche liegt feiner hellbrauner Sand. »Extra starker Weihnachtsschlafsand. Vielleicht wirkt er auch, wenn man ihn trinkt.«

»Da mach ich nicht mit.« Veruka verschränkt die Arme. »Wenn wir den Weihnachtsmann nicht abfangen, kommt er nie zu mir.«

»Klar kommt er zu dir! Du hast mich doch vor dem Absturz gerettet. Das war eine richtig gute Tat. Und auf gute Taten steht der Weihnachtsmann total.«

Veruka sieht Jola zweifelnd an.

»Und wenn du mir jetzt hilfst, dann ist das noch eine gute Tat. Das reicht für nächstes Jahr Weihnachten gleich mit«, sagt Jola überzeugt.

»Versuchen kann ich es ja mal«, sagt Veruka und fängt im nächsten Moment wie verrückt zu kreischen an. »Mein BESEN! Er springt nicht mehr an! HILFE! Mein BESEN!«

Sofort eilen alle Hexen zu Veruka und beugen sich über den Besen. Jola schleicht zum Kessel und streut den Schlafsand hinein.

»Hast nur vergessen, den Kerosinhahn aufzudrehen, Dummerchen«, sagt die

Oberhexe zu Veruka. Dann geht sie zurück zum Kessel, nimmt die Schöpfkelle und verkündet: »Es ist angerichtet!«

Eine Hexe nach der anderen holt sich ihren Flugtrunk ab. Nur Veruka und Jola halten sich im Hintergrund. Dann ist es so weit. Die Hexen steigen auf ihre Besen. »Lirum, Larum, Besenstiel, jetzt beginnt das böse Spiel!«, ruft die Oberhexe. Die Hexen kreischen und erheben sich in die Lüfte.

Jola hat schon Angst, dass der Schlafsand nicht wirkt. Doch dann saust die Oberhexe wie ein Luftballon, der ein Loch hat, mit wilden Drehungen zu Boden. Dort bleibt sie laut schnarchend liegen. Den anderen Hexen geht es ähnlich. Eine Hexe schläft auf ihrem Besen ein und fliegt vor eine Tanne. Eine andere schwebt schlafend senkrecht hernieder, den breiten Rock wie einen Fallschirm geöffnet.

»Es schneit schnarchende Hexen!« Jola führt mit Veruka einen Freudentanz auf.

»Sieh doch!«, ruft Veruka und zeigt in den Himmel. »Da kommt er. Der Weihnachtsmann!«

Jola legt den Kopf in den Nacken und starrt nach oben. Auf einmal verwandeln sich die Steine unter ihren Füßen in Geröll. Jola rutscht aus und stürzt vom Felsen in die Tiefe …

19

Jola sitzt in einem Einkaufskorb. Ihr ist noch etwas schwummerig vom Sturz in die Tiefe. Benommen sieht sie sich um. »Flaschen«, murmelt sie. »Ich sehe nichts als Flaschen.«

Überall um sie herum stehen Kästen voller Flaschen wie in einer Leergutannahme. Dort, wo sich keine Flaschen türmen, sind der Boden und die Wände kahl. Es riecht wie in der kleinen Eckkneipe, in die der Muffelmann mit seinem Zottelhund jeden Mittwoch geht.

Zwischen den Kästen huschen seltsame Gestalten herum. Sie schimmern blau, lila, gelb oder grün und wabern wie Nebelschwaden. Manche haben einen Turban auf, manche haben einen Zopf, andere sehen aus wie orientalisch gekleidete Frauen. »Seid ihr Flaschengeister?«, fragt Jola.

»Salam alaikum!«, ruft eine der Nebelgestalten nur und schwebt an Jola vorbei

zum Tresen. »Du kommst gerade rechtzeitig zu unserem Weihnachtsflaschenkonzert.«

Auf dem Tresen stehen mehrere leere Flaschen in einer Reihe. Dahinter haben sich bereits zwei weitere Flaschengeister eingefunden. Sie alle legen die Unterlippe an den Rand einer Flasche, stülpen die Oberlippe leicht darüber und beginnen, auf den Flaschenhälsen ein Weihnachtslied zu flöten. Es klingt wunderschön und Jola schunkelt mit dem Mopp im Einkaufskorb mit. Die anderen Flaschengeister schweben lachend und tanzend durch den Raum. Ein Flaschengeist jongliert mit leeren Milchflaschen. Ein anderer balanciert auf einer rollenden Sektflasche durch den Gang.

Als die letzte Flasche verklungen ist, ruft Jola: »Bravo!« Die Flaschengeister verneigen sich. Dann fällt Jola etwas ein. Sie springt aus dem Einkaufskorb. »Wenn ihr Flaschengeister seid, dann habe ich doch drei Wünsche bei euch frei.« Jola weiß genau, wie das funktioniert. Das steht alles in ihrem dicken Buch, aus dem Oma Pudding immer vorliest.

Doch die Flaschengeister schütteln den Kopf. »Von uns kannst du dir nichts wünschen. Wir haben schon anderen Menschen, die uns aus der Flasche befreit haben, gedient«, erklärt der Flaschengeist mit dem Turban. »Du musst einen Geist finden, der noch in einer Flasche gefangen ist, und ihn befreien. Nur er kann deine Wünsche erfüllen.«

»Verstehe«, sagt Jola und macht sich auf die Suche. Sie geht von einem Kasten zum anderen, nimmt jede Flasche heraus, hält sie sich vor die Nase, schüttelt sie kräftig, guckt noch einmal genau nach und steckt sie enttäuscht zurück. So geht das Reihe für Reihe, Kasten für Kasten. Das Einzige, was Jola bisher in einer Flasche gefunden hat, war ein Rest Johannisbeersaft.

Doch Jola gibt nicht auf. Sie nimmt sich selbst die hinterste Reihe vor. Schwungvoll zieht sie eine große, dunkelblaue Flasche aus einem alten Holzkasten. Die Flasche ist so verstaubt, dass Jola kaum etwas darin erkennen kann. Sie stellt die Flasche auf den Kopf und schüttelt sie. »Hallo? Jemand da drin?«, fragt sie und pocht ans Glas.

»Au, au, aufhören!«, kreischt jemand in der Flasche.

Kaum hat Jola das gehört, stellt sie die Flasche ab und zieht mit einem kräftigen Ruck den verstaubten Korken heraus. Plopp!

Doch bis auf ein kleines Rauchwölkchen kommt nichts

aus der Flasche. Jola schielt über den Flaschenhals. Sie sieht, wie ein kleines, dickes Männchen mit dem Kopf voran mehrmals gegen den Flaschenboden stößt.

»Au, au, aufgepasst!«, krächzt es. »Wieso geht es denn hier nicht raus?«

»Falsche Richtung«, sagt Jola.

Der kleine Flaschengeist dreht sich um und schießt mit angelegten Armen auf den Flaschenhals zu, doch er bleibt mit seinem dicken Bauch darin stecken. Jola zieht vorsichtig mit Daumen und Zeigefinger an seinem Kopf, dann macht es zum zweiten Mal Plopp! und der Geist saust aus der Flasche. »Ich bin Horst, Geist aus der Flasche, Wunscherfüllung meine Masche«, ruft er im Vorbeifliegen, dann stößt er mit dem Kopf gegen die Decke, stöhnt auf und schwebt langsam zu Boden. »Hoppala.«

»Also«, Jola hebt die Hand mit drei ausgestreckten Fingern, »meine drei Wünsche ...« Jola hat schon oft darüber nachgedacht, was sie sich von einem Flaschengeist wünschen würde. Aber jetzt, wo Horst vor ihr schwebt, ist sie sich nicht mehr sicher. Das rote Fahrrad mit den silbernen Sternchen, eine eigene Hüpfburg oder doch lieber einen großen Bruder? Aber sie hat

127

ja drei Wünsche! »Als Erstes wünsche ich mir … ein rotes Fahrrad!«

»Kommt sofort«, sagt Horst und unterdrückt einen Schluckauf. Er wirbelt über den Fußboden, rammt mit dem Kopf einen Limokasten, schnippt dreimal mit den Fingern und …

Ein verrostetes Dreirad erscheint.

»Ein Fahrrad hat ZWEI Räder, nicht drei«, sagt Jola.

»Ups.« Horst tritt einmal kräftig auf eins der beiden Hinterräder. Es fällt ab und rollt den Gang entlang. Das Dreirad, das jetzt nur noch zwei Räder hat, kippt zur Seite. »So besser?«

Jola sieht ihren Flaschengeist ungläubig an. »Kannst du auch sicher zaubern?«

»Ja, ja. Reine Anlaufschwierigkeiten. Schieß los, was ist dein zweiter Wunsch?« Horst schwankt leicht und um seinen Kopf kreisen Sternchen.

»Okay. Dann wünsche ich mir jetzt eine riesengroße Hüpfburg, ganz für mich allein.«

Horst dreht sich mehrmals um sich

selbst, wobei er beinahe einen Stapel Kisten umreißt. Dann schnippt er dreimal mit den Fingern und …

Eine gewaltige Sandburg taucht vor Jola auf.

»Doch nicht aus Sand!« Jola rauft sich die Haare.

»Na so was.« Horst kratzt sich am Bauch. »Aber hüpfen kann man darauf auch.« Der Flaschengeist springt auf der Sandburg herum, bis sie platt ist. »Das hätten wir also. Und dein dritter und letzter Wunsch?«

Jola starrt auf den Sand am Fußboden. Dann sieht sie bekümmert zu Horst. Warum muss sie ausgerechnet einen Flaschengeist erwischen, der sich beim Zaubern genauso wenig Mühe gibt wie Jola beim Zähneputzen? Wenn Jola sich jetzt einen großen Bruder wünscht, wer weiß, was Horst ihr zaubert? Ein großes Ungeheuer vielleicht.

Nein. Den Wunsch hebt Jola sich lieber auf. Und zwar für jemanden, der sich mit Wünschen besser auskennt. Diesen Jemand muss sie nur finden. Sie weiß auch schon, wie. »Ich wünsche mir, dass du mich schwuppdiwupp zum Weihnachtsmann bringst!«

»Weihnachtsmann«, murmelt Horst. »Wer war das gleich noch mal …?« Dann zieht er beide Augenbrauen hoch. »Ich hab's! Achtung, es geht los!« Horst wirbelt um Jola herum. Immer schneller, immer näher, bis alles vor ihren Augen verschwimmt und alle Kästen, Flaschen und Horst sich in Nebel auflösen …

20

Als der Nebel sich lichtet, steht Jola am Rand eines Swimmingpools. Die Sonne brennt vom wolkenlosen Himmel auf Palmen, Kakteen und rosarote Malvenblüten herab. Die Luft flimmert vor Hitze und riecht nach Ananas, Mango, Meer und Sonnencreme. Mitten im Pool treibt eine große Luftmatratze, die wie ein Sessel aussieht. Nur zwei Ohren gucken hervor.

»Weihnachtsmann?«, fragt Jola.

»Aber hallo!«, sagt der Luftmatratzenbesitzer. »Ich bin der Osterhase!«

Die Luftmatratze dreht sich. Ein Hase mit Badehöschen, Goldkette und Sonnenbrille grinst Jola an. In der einen Hand hält er ein Ge-

tränk, in der anderen eine Karotte zwischen Zeige- und Mittelfinger. Der Osterhase zieht an der Karotte und bläst Jola einen orangefarbenen Rauchkringel entgegen.

»Feierst du so Weihnachten?«, fragt Jola.

»Wir feiern, dass kein Ostern ist! Wir machen Urlaub!«, ruft der Osterhase und rund um ihn herum gackert es. Hühner im Bikini, mit Badehauben und Sonnenhüten sitzen am Poolrand, aalen sich auf Liegestühlen oder nippen an einem Eierlikör an der Poolbar.

»Jedes Frühjahr dieser Stress«, stöhnt der Osterhase.

»Eier legen«, gackert ein Huhn.

»Bunt bemalen«, ein anderes.

»Und verstecken«, sagt der Osterhase. »An Weihnachten können wir so richtig entspannen. Weihnachten interessiert uns nämlich nicht die Bohne.«

»Aber mich!«, sagt Jola.

»Ach ja? Pech gehabt.« Der Osterhase stößt sich vom Poolrand ab und paddelt mit der Luftmatratze auf einen sich schnell drehenden Wasserstrudel zu. »Karottig gut!«, ruft er, als ihn der Strudel erfasst und herumwirbelt.

Sofort springen drei Hühner ebenfalls in den Strudel und gackern ausgelassen. Der Hase dreht mit den Hühnern ein paar Strudelrunden. Das Wasser spritzt. Die Hühner kichern. Der Hase wackelt mit den Zehen und dem Schwänzchen. Dann paddelt er mit den Ohren an den Beckenrand.

Jola rennt zur Leiter, wo der Osterhase gerade aus dem Wasser steigt. »Ich will zum Weihnachtsmann!«, sagt Jola. »Wo ist er?«

Der Osterhase schiebt seine Sonnenbrille auf die Nasenspitze, senkt den Kopf und sieht Jola über den Rand der Brille bedauernd an. »Mein Name ist Hase. Ich weiß von nichts.« Dann lacht er und schüttelt sich, dass Jola pitschnass wird.

»Hör auf!«, ruft Jola.

»Tze, tze, tze. Wie kann man nur so unentspannt sein?«, murmelt der Osterhase. »Siehst du, das liegt an Weihnachten! Mach dich mal locker, trink 'nen Karottencocktail, leg dich an den Strand und guck der Sonne bei der Arbeit zu.«

Die Hühner gackern zustimmend.

»Ich will keinen Urlaub machen. Ich will Weihnachten feiern«, sagt Jola.

»Tut mir leid, dann bist du hier falsch«, sagt der Osterhase. »Hier wird nur entspannt, Spaß gehabt, vom Spaß entspannt, wieder Spaß gehabt, vom Spaß ent–«

»Verstehe schon.« Der Flaschengeist hat sie in die falsche Welt gezaubert. Hier, wo man noch nicht einmal Weihnachten feiert, wird sie den Weihnachtsmann bestimmt nicht finden. Jola muss hier schleunigst wieder weg. Bis jetzt ist sie immer durch Zufall von einer Welt in die andere gelangt. »Dann suche ich jetzt eben selbst den Ausgang aus der Osterhasenwelt«, sagt Jola.

»Ausgang? Welchen Ausgang?«, fragt der Osterhase.

Doch da klettert Jola schon auf die große Wasserrutsche. »Tschüss Osterhase! Bis zum Frühjahr. Ich rutsche jetzt zum Weihnachtsmann.« Kurz bevor sie sich abstößt, fällt ihr noch etwas ein: »Könntest du nächstes Jahr Ostern bitte keine Marzipaneier verstecken? Die mag ich nämlich nicht. Danke!« Dann stößt sich Jola kräftig ab, schließt die Augen, denkt an Weihnachten und saust die Rutsche herunter.

Als sie die Augen wieder öffnet, schwimmt ein Huhn direkt vor ihr. »Gack!«, macht es.

Der Osterhase steht mit verschränkten Armen am Poolrand und betrachtet Jola besorgt. »Du solltest echt mal entspannen.«

Jola schüttelt den Kopf und klettert aus dem Becken. »Ich muss nur die Tür zur anderen Welt finden.« Sie rennt auf die Poolbar zu, reißt die Tür auf und verschwindet darin.

Der Osterhase lehnt sich an den Tresen. »Ich nehme einen Karottencocktail und sechs Eierlikör für meine hinreißenden Hennen.«

Jola blinzelt, doch der Osterhase an der Poolbar verschwindet nicht. Da fällt Jola ein, wie sie zu den Nixen gekommen ist. Sie springt über den Tresen, rennt über die Düne zum Strand und wirft sich kopfüber in die Wellen. Als sie wieder zwischen den Wellen auftaucht, zischt der Osterhase auf Wasserski an ihr vorbei. Ein Dutzend Hennen zieht ihn.

Der Hase winkt Jola zu. »Servus vom Skihaserl!«

Wasser tropft aus Jolas Haaren, als sie dem Osterhasen gefrustet hinterhersieht. Doch noch hat sie nicht alles probiert. Sie macht einen Sandhaufen und steckt den Kopf hinein. Sie kullert sich die Düne hinab. Sie stellt sich auf den Kopf und zählt bis zehn. Sie sperrt sich in einem Klohäuschen ein. Sie haut sich mit einer Kokosnuss auf den Kopf.

Vergebens.

Kaum hat sie den Kopf aus dem Sand gezogen, kaum ist sie aus dem Klohäuschen getreten und kaum sind die Sternchen vom Dünekullern, Kopfstehen und vom Schlag mit der Kokosnuss verschwunden, stehen der Osterhase oder ein Huhn vor Jola und sehen sie besorgt an.

»Es klappt nicht!« Jola sitzt am Strand und wirft einen Batzen Sand in die Wellen.

»Ich denke ganz doll an Weihnachten, aber der Osterhase verschwindet einfach nicht.«

»Denk doch zur Abwechslung mal an mich«, rät der Osterhase. Er liegt in einer Hängematte, die vor seinem Ferienhaus zwischen zwei Palmen hängt, und schlürft an einem Cocktail. »Und nipp mal was Leckeres.« Er reicht Jola einen Karottencocktail.

Jola seufzt, klemmt sich den Strohhalm zwischen die Lippen und trinkt.

»Noch besser wäre natürlich«, fährt der Hase fort, »du würdest gar nichts denken. Immer dieses viele Denken. Ist bestimmt ungesund …«

Die letzen Worte des Osterhasen hört Jola schon nicht mehr. Ihre Zunge ist ganz dick und pelzig vom Cocktail. Jola blinzelt in die Mittagssonne, die direkt über dem Ferienhaus steht. Auf einmal sieht Jola zwei Sonnen, dann drei, dann vier, dann fünf … Sie scheinen so hell, dass das Haus, die Palmen und der Osterhase verblassen, bis sie ganz verschwunden sind.

21

»Aufgepasst! Nicht auf mein Ferientraumhaus trampeln!«, ruft jemand.

Jola tritt schnell zur Seite. Zu ihren Füßen steht ein kleines Haus mit Palmen, Pool und Terrasse. Es erinnert ein wenig an das Ferienhaus vom Osterhasen. Doch nirgendwo ist ein Hase zu sehen. Hühner auch nicht. Alles ist aus kleinen weißen Plastikbausteinen – denkt Jola zuerst. Doch dann sieht sie genauer hin. Das sind keine Plastikbausteine, das sind lauter Zähne!

»Glück gehabt, Knirps!«, erklingt die Stimme erneut.

Jola dreht sich um. Auf einem Sessel, der wie ein riesengroßer Zahn aussieht, lümmelt jemand. »Ich heiße nicht Knirps, sondern Jola.«

»Ich finde, Knirps passt viel besser zu dir. Du kannst mich gerne mit Ihre Majestät die Zahnfee ansprechen«, sagt die Fee und wickelt eine Locke um den dicken Finger. Sie grinst und eine Reihe krummer, gelblicher Zähnen kommt zum Vorschein. Ihre

Nasenlöcher sind so groß, dass man darin Walnüsse verstecken könnte.

Jola runzelt die Stirn. Zwar trägt die Fee ein
glänzend weißes Kleid, eine rosa Strumpfhose
und eine silberne Schleife im Haar, dennoch
sieht sie aus wie ein dicker kleiner Mann.
Ein Mann in einem zu engen Faschings-
kostüm. »Bist du wirklich die Zahnfee? Ich
finde, Zahnonkel passt viel besser zu dir«, sagt
Jola.

»Na, hör mal! Sieh dich doch um. Es
gibt überhaupt keinen Zweifel daran,
wer ich bin!« Die Zahnfee springt auf.
Sie hat Turnschuhe an, aus denen ihre

Beine wie Seegurken staken. Dunkle Härchen bohren sich durch die rosa Strumpfhose.

Überall im Zimmer sind Zähne verteilt. Die Tasten einer Schreibmaschine sind aus Zähnen, die Lichtschalter, am Weihnachtsbaum hängt an Zahnseide eine Zahngirlande und in einer Ecke gibt es sogar ein Bällebad aus Zähnen. Die Fensterläden sind mit Zähnen geschmückt und der Adventskranz auch.

»Zähne, Zähne – ich liebe Zähne!«, ruft die Zahnfee und tänzelt durch den Raum. »Diesen da«, sagt sie und zeigt mit einem kleinen goldenen Stab auf den Sessel, »habe ich von einem Riesen bekommen. Und jene«, die Zahnfee zeigt auf zwei gewaltige Stoßzähne, an denen sie eine Hängematte aufgehängt hat, »von einem Mammut.«

»Ist das ein Zauberstab?«, fragt Jola und zeigt auf den goldenen Stab.

»Nein. Ein Zahnstab«, erwidert die Zahnfee. »Damit klopfe ich die Zähnchen ab und prüfe, ob sie schon tüchtig wackeln. Und hiermit«, sagt die Zahnfee und holt eine silberne Zange aus dem Kleid hervor, »ziehe ich den Zahn, wenn es denn sein muss.«

Jola schluckt, als sie die Zange sieht.

»Du hast nicht zufällig einen Wackelzahn dabei, Knirps?«, fragt die Zahnfee und geht langsam auf Jola zu. »Es ist nämlich so: Mir fehlt noch genau ein kleiner, süßer Zahn für die Spitze von meinem Weihnachtsbaum.«

»Oh«, macht Jola und wird blass. »Nimm doch einfach

einen Zahn aus dem Bällebad, ich meine, aus dem Zahnbad.«

»Geht nicht. Alle abgezählt«, erwidert die Zahnfee und grinst mit falschem Bedauern. Sie steht jetzt vor Jola, beugt sich zu ihr und schnipst mit der Zange. Ihre Augen funkeln. »Dein Schneidezahn rechts oben würde todschick auf meiner Weihnachtstanne aussehen.«

»Der wackelt aber gar nicht.« Jola weicht einen Schritt zurück.

Die Zahnfee folgt Jola mit gezückter Zange. »Das wollen wir doch erst mal sehen!«

Jola wirbelt herum und rennt hinter den Weihnachtsbaum. Die Zahnfee hat sofort die Verfolgung aufgenommen. »Ich bestimme, ob ein Zahn wackelt oder nicht!«, ruft sie und reißt beinahe den Baum um, als sie hinter Jola herhechtet.

Jola springt über das Ferientraumhaus, landet im Zahnbad, rudert mit Armen und Beinen und kämpft sich an der anderen Seite wieder heraus.

»Hiergeblieben, Knirps!«, ruft die Zahnfee, als sie durch das Zahnbad watet.

Doch Jola denkt gar nicht daran, stehen zu bleiben. Einer Zahnfee mit einer Zange in der Hand kann man nicht trauen. Jola kriecht unter den Tisch, auf der anderen Seite wieder hervor, rennt auf den großen Zahnsessel zu und hechtet mit einem Satz darüber. Dann bleibt sie kurz stehen und sieht sich nach einer Tür oder einem Fenster um.

Die Zahnfee kriecht gerade unter dem Tisch durch und stößt sich fünfmal den Kopf. Langsam wird sie echt wütend, dass dieser Knirps seinen Zahn nicht rausrücken will. Dabei würde der Weihnachtsbaum so schön damit aussehen! Mit einer Ladung Wut im Bauch stürmt die Zahnfee auf den Riesenzahnsessel zu. Sie stößt sich vom Boden ab und rauscht mit dem Kopf voran über den Sessel.

Krach! Knirsch!, landet sie hinter dem Sessel auf dem Boden und schlägt mit dem Kopf gegen ein Fußbänkchen.

»Aua, aua, aua!«, ruft die Zahnfee und bleibt am Boden liegen.

Jola steht stocksteif an der Wand und starrt auf einen gelblichen Zahn, der über den Boden kullert und vor ihren Füßen liegen bleibt. Sie bückt sich und hebt ihn auf.

»Isz dasz meiner?«, lispelt die Zahnfee und schielt nach oben zu Jola.

Jola nickt. Sie hält den Zahn in die Höhe, kneift die

Augen zusammen und mustert ihn. »Der passt genau auf deinen Weihnachtsbaum. Ist sogar schön gelb. Wie ein Stern.«

»Meinszt du?« Die Zahnfee steht auf, nimmt Jola den Zahn aus der Hand, geht zum Weihnachtsbaum und stülpt den Zahn auf die Spitze. »Szzzöööön!«

Obwohl die Zahnfee die Zange weggesteckt hat und jetzt sehr friedlich aussieht, will Jola lieber weiter. »Ich muss dann mal los«, sagt sie. »Muss den Weihnachtsmann rechtzeitig finden.«

»Dasz trifft sisz ja gut!«, sagt die Zahnfee, tänzelt zu einem Regal, holt ein glänzendes neues Gebiss herunter und reicht es Jola. »Der gute Mann hat szeine dritten Tzähne bei mir vergesszen. Die kannszt du ihm ja gleisz mitnehmen.«

Als sie Jolas erstaunten Blick bemerkt, fügt sie hinzu: »Ich szammle nur echte Tzähne. Und jetzt – husz, husz, da geht'z rausz!« Die Zahnfee zeigt auf einen Vorhang aus lauter Zähnen.

Jola steckt das Gebiss ein und winkt der Zahnfee zu. Die Zähne am Vorhang klackern, als sie über die Schwelle schreitet. Eine Sekunde später ist sie verschwunden.

22

Zuerst spürt Jola die Kälte. Dann sieht sie den Schnee. Er reicht ihr bis zu den Knöcheln. Um sie herum ragen finstere Tannen in den Himmel. Sie geht ein paar Schritte durch den Wald. Flackert da in der Ferne ein Licht?

Plötzlich knacken hinter Jola Äste. Sie dreht sich um und sieht, wie sich nicht nur die Zweige der Tannen biegen, sondern ganze Bäume von etwas auseinandergedrückt werden. Jola reißt die Augen auf, als ein Troll auf sie zukommt, der fast so groß ist wie die Tannen.

»Platz da! Ich hab es eilig!«, ruft der Troll. Genau genommen ist es eine Trollfrau. Sie hat lange, feuerrote Haare, die bis auf den Erdboden reichen, einen gedrungenen Körper und eine große Nase, die Jola an einen riesigen Knödel erinnert. Die Trollfrau drückt mit einem Arm die Tannen beiseite, als wären sie Schilfrohre. Mit dem anderen Arm trägt sie einen Korb voller Tannenzapfen.

Schon stapft sie an Jola vorbei. »Warte!«, ruft Jola und eilt ihr nach. Alleine im finsteren Wald bleiben will sie auf keinen Fall.

»Ich hab keine Zeit für ein Schwätzchen, Schätzchen«, sagt die Trollfrau, ohne stehen zu bleiben.

Jola muss rennen, um mit den großen Schritten mitzuhalten. »Wo gehst du hin?«

»Es gibt nichts Schlimmeres als Touristen zur Weihnachtszeit«, murmelt die Trollfrau. »Hat man nicht sowieso schon alle Hände voll mit den Vorbe-

reitungen fürs Fest zu tun? Nein, müssen sie sich einem auch noch an die Ferse hängen. Tze tze tze.«

Die Trollfrau lässt einen Ast schnippen, der nur haarscharf über Jolas Kopf rauscht. »He, das war aber nicht nett!«, beschwert sich Jola.

»Nett? Muss ich nicht sein. Ich bin eine Trollfrau. Und ich hab es verflixt eilig. Was ich alles noch zu tun habe, Schätzchen, du ahnst es nicht!«

»Ich kann dir doch helfen.«

»Helfen? Entzückend! Dass gerade ein Menschlein auf diese Idee kommt!« Die Trollfrau gluckst. »Aber was soll's. Versuchen wir es.«

Jola folgt der Trollfrau, die auf eine Lichtung zusteuert. Schon von Weitem sieht sie ein großes Feuer. Um das Feuer herum sitzt ein Dutzend Trolle. Sie haben alle Haare bis zum Boden und Nasen, groß wie ihre Füße.

»Da wären wir.« Die Trollfrau stellt den Korb mit den Tannenzapfen neben einem Baumstumpf ab.

»Wurde aber auch Zeit!«, ruft eine andere Trollfrau mit einem Pickel auf der Nase.

»Jetzt aber dalli, sonst werden wir niemals alle rechtzeitig fertig«, sagt ein klapperdünner Troll, der Jolas Wischmopp etwas ähnlich sieht.

»Gottchen, Gottchen, wenn wir das mal nur noch schaffen!«, ruft ein alter Troll und rauft sich die grauen Haare.

»Ist ja gut. Es geht ja schon weiter«, sagt die Trollfrau. »Wer war der Nächste?«

Der klapperdünne Troll setzt sich auf den Baumstumpf. Er schüttelt seine meterlangen braunen Haare aus und sagt: »Einmal die himmlischsten Engellöckchen, bitte.«

»Waschen, legen, föhnen?«, fragt die Trollfrau.

»Nein. Nur Löckchen, bitte. Wie jedes Jahr Weihnachten«, erwidert der dünne Troll.

Sofort macht sich die Trollfrau an die Arbeit. »Schnee!«, sagt sie zu Jola und hält beide Hände auf. Jola füllt die Handteller mit Schnee. Die Trollfrau reibt die Haare des Trolls mit Schnee ein. Dann teilt sie geschickt eine Strähne ab. »Tannenzapfen!«

Jola fischt einen Tannenzapfen aus dem Korb und reicht ihn der Trollfrau. Sie wickelt die Haarsträhne daran auf. »Zweig!«, sagt sie dann. Jola reicht ihr einen Zweig und die Trollfrau steckt den Tannenzapfenwickler mit einem kleinen Zweig fest.

So geht das, bis alle Haare des dünnen Trolls auf die Tannenzapfen gewickelt sind. Jola hat das Gefühl, es dauert Stunden. »Schnee! Tannenzapfen! Zweig! Schnee! Tannenzapfen! Zweig! Schnee! Tannenzapfen! Zweig!«

Danach setzt sich der dünne Troll zum Haaretrocknen mit dem Rücken zum Feuer.

»Der Nächste!«, ruft die Trollfrau.

Zwei Trolle versuchen sich gleichzeitig auf den Baumstumpf zu quetschen. »Ich war zuerst dran!«, ruft der eine.

»Lügner! Ich warte schon viel länger!«, sagt der andere.

Die Trollfrau verdreht die Augen. »Meine reizende Assistentin und ich können immer nur einem Engelslöckchen machen. Wenn ihr euch also bitte einigen könntet … Sonst dauert es noch länger und ein paar von uns werden dieses Jahr mit Schnittlauchlocken zum Weihnachtsfest antanzen.«

Ein entsetztes Raunen geht durch die um das Feuer versammelten Trolle. »Alles deine Schuld!« bellt ein Troll die Trollfrau an. »Wieso wickelst du nicht schneller?«

»Hör mal gut zu, mein Lieber.« Die Trollfrau stemmt die Hände in die Hüften. »Seit Tagen arbeite ich ununterbrochen und meine Finger locken sich schon vor lauter Wickeln.« Die Trollfrau hält die Finger hoch, die allerdings noch ziemlich gerade aussehen.

»Wenn es euch zu langsam geht«, sagt Jola, »wieso wickelt ihr nicht selber?«

»Hör sich einer dieses Menschlein an!«, lacht ein dicker Troll, dass sein Bauch wackelt.

»Selber wickeln! Als hätten wir hinten Augen im Kopf!«, prustet ein anderer.

»Aber ihr wisst, wie Engelslöckchen gemacht werden. Ihr habt es doch ganz oft gesehen«, sagt Jola und die Trolle nicken. »Ihr setzt euch einfach hintereinander in einer Reihe ums Feuer. Dann wickelt jeder seinem Vordermann die Haare ein. Und zack, seid ihr fertig und habt alle rechtzeitig zum Weihnachtsfest die Haare schön.«

Darauf wissen die Trolle im ersten Moment gar nichts zu sagen. Doch auf dem Gesicht der Trollfrau breitet sich ein Lächeln aus. »Beim Barte des Urtrolls! Das ist die Lösung, Schätzchen!« Dann wendet sie sich an die anderen Trolle: »Na los, schön in eine Reihe setzen. Jeder bekommt ein paar Tannenzapfen und dann wird gewickelt.«

Kurz darauf sitzen die Trolle hintereinander ums Feuer. Jeder hat eine Strähne vom Vordermann in der Hand und wickelt. Ein Troll summt eine alte Trollweise. Ein anderer erzählt Weihnachtswitze. Die Trollfrau gibt Jola, die vor ihr sitzt, Tipps zur Haarpflege im Winter, während sie einen Tannenzapfen in ihr Haar einrollt.

»Entschuldigung. Das ist alles echt spannend«, sagt Jola. »Aber ich muss mal.«

»Na sicher doch, Schätzchen. Siehst du den Baum dort drüben mit dem herzchenförmigen Loch?«

Jola nickt. »Bis gleich!«, sagt sie zur Trollfrau und geht auf den Baum zu. Sie öffnet die Tür, tritt ein und … weg ist sie.

23

Als Jola die Tür wieder öffnet, ist der Wald verschwunden. Sie steht in einem Haus auf einem Treppenabsatz. Die alte, breite Holztreppe ist verstaubt und zwischen den Stangen des Geländers hängen Spinnweben. Das kleine Fenster am Treppenabsatz ist mit Holzbrettern vernagelt. Im Eingangsbereich am Fuße der Treppe stehen zwei Sessel, die mit Laken verhangen sind. Bei einem verstaubten Schrank stehen die oberen Türen offen. Sie klaffen wie schwarze Augenhöhlen.

»Hallo?«, ruft Jola und späht nach unten. Dann schielt sie nach oben. »Ist jemand zu Hause?«

Plötzlich leuchten mehrere Lichter auf und Gesang setzt ein, als würde eine bunte Fernsehshow losgehen. Vier Gespenster rutschen wie Bobfahrer am Treppengeländer nach unten und strecken den linken Arm aus. Ein Gespenst fliegt im Kreis um die Deckenlampe. Hinter den beiden Sesseln tauchen abwechselnd zwei Gespensterköpfe auf.

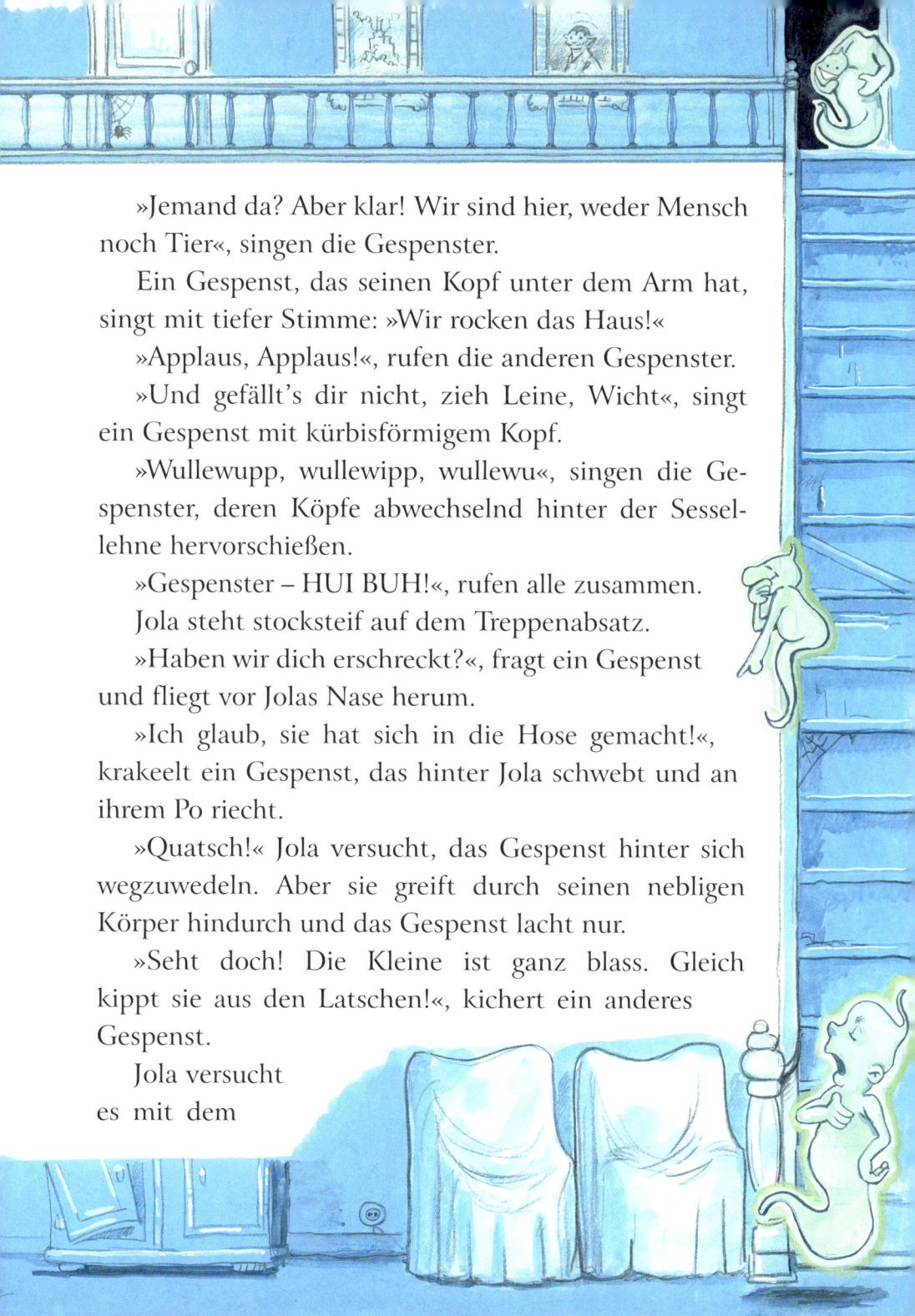

»Jemand da? Aber klar! Wir sind hier, weder Mensch noch Tier«, singen die Gespenster.

Ein Gespenst, das seinen Kopf unter dem Arm hat, singt mit tiefer Stimme: »Wir rocken das Haus!«

»Applaus, Applaus!«, rufen die anderen Gespenster.

»Und gefällt's dir nicht, zieh Leine, Wicht«, singt ein Gespenst mit kürbisförmigem Kopf.

»Wullewupp, wullewipp, wullewu«, singen die Gespenster, deren Köpfe abwechselnd hinter der Sessellehne hervorschießen.

»Gespenster – HUI BUH!«, rufen alle zusammen.

Jola steht stocksteif auf dem Treppenabsatz.

»Haben wir dich erschreckt?«, fragt ein Gespenst und fliegt vor Jolas Nase herum.

»Ich glaub, sie hat sich in die Hose gemacht!«, krakeelt ein Gespenst, das hinter Jola schwebt und an ihrem Po riecht.

»Quatsch!« Jola versucht, das Gespenst hinter sich wegzuwedeln. Aber sie greift durch seinen nebligen Körper hindurch und das Gespenst lacht nur.

»Seht doch! Die Kleine ist ganz blass. Gleich kippt sie aus den Latschen!«, kichert ein anderes Gespenst.

Jola versucht es mit dem

Wischmopp. Aber auch der Mopp stößt nur durch den luftigen Gespensterkörper hindurch. »Ihr habt mich gar nicht erschreckt. Ich bin nur so blass, weil …. Das werde ich immer, wenn jemand schön singt.«

»Schön?«, fragt das Gespenst mit dem Kopf unter dem Arm. Die Kinnlade klappt auf.

»Wir singen schön? Och nö!«, ruft das Gespenst, das eben noch an Jolas Po geschnüffelt hat.

»Ihr könntet zu Weihnachten in der Kirche singen«, sagt Jola. »Ich weiß nur nicht, ob Gespenster da überhaupt reindürfen.«

Auf einmal kommt ein Schrei aus einem der Zimmer im Erdgeschoss. »Er war da! Der Weihnachtsmann! Er war hier bei uns!«, ruft ein Gespenst.

Jola eilt mit allen Gespenstern in das Zimmer, aus dem der Ruf kam. An der Zimmerdecke schwebt kopfüber ein kleines Gespenst. Vor Aufregung verfärbt es sich lila. »Da! Das hat er gebracht. Nur für uns!« Das kleine Gespenst zeigt auf ein großes Geschenk, das mitten im Raum liegt.

»Geschenke«, haucht ein Gespenst mit Glupschaugen.

»Haben ja auch das ganze Jahr schön brav gespukt«, sagt das Gespenst mit dem Kopf unter dem Arm.

Dann schweben alle Gespenster eine Weile um das große Geschenk herum und mustern es von allen Seiten. Es ist in schwarzes Papier eingewickelt, auf dem lauter weiße Gespenster leuchten. Verschnürt ist es mit einer breiten, glänzend roten Schleife.

»So ein großes Geschenk habe ich noch nie gesehen«, sagt Jola.

»Darf ich aufmachen?«, fragt das kleine lila Gespenst. »Bitte, bitte, bitte!«

»Mach schon«, sagt das Gespenst mit dem Kopf unter dem Arm und die anderen nicken.

Das kleine Gespenst schwebt über das Geschenk. Es streckt die Finger nach der Schleife aus und will an den Enden ziehen. Doch die Finger greifen durch das Schleifenband hindurch. Immer wieder versucht das kleine Gespenst, die Schleife zu fassen, und immer wieder fasst es ins Leere.

»Lass mich mal«, sagt das Gespenst mit dem Kopf unter dem Arm und reicht dem Gespenst neben sich seinen Kopf. »Halt mal kurz.« Dann breitet es beide Arme aus und schlingt sie um das riesengroße Geschenk. Doch die luftigen Arme greifen durch das Geschenk hindurch, und als sich das kopflose Gespenst wieder aufrichtet, hat es nichts in den Händen.

Nacheinander versuchen alle

Gespenster, das Geschenk zu öffnen. Eins versucht es mit den Füßen, ein anderes mit den Zähnen. Am Ende greifen alle Gespenster gemeinsam nach dem Geschenk, doch auch das klappt nicht. Ihre nebelhaften Hände können das Geschenk nicht fassen.

Das kleine Gespenst verfärbt sich dunkelblau. »Wir haben ein riesengroßes Geschenk und kriegen es nicht auf. So was Blödes kann auch nur uns passieren!«

»Wir können es auch einfach ansehen und uns vorstellen, was drin ist. Das ist doch auch ganz nett«, piepst ein Gespenst, dessen Kopf kaum größer als eine Erbse ist.

Die anderen Gespenster werfen ihm finstere Blicke zu.

»Ich kann es aufmachen«, sagt Jola.

Alle Gespenster drehen sich zu Jola um. Sie geben den Weg frei und Jola tritt an das Geschenk heran. Sie schüttelt die Arme aus, wackelt mit den Fingern und macht ein ernstes Gesicht. Das macht Papa auch immer, wenn er es spannend machen will. Dann kniet sie sich vor das Geschenk, nimmt die Enden der Schleife in die Hand und zieht daran. Die Schleife löst sich. Die Gespenster jubeln.

Mit beiden Händen reißt Jola das Geschenkpapier ab und öffnet den Geschenkkarton. Sie greift hinein und holt das Geschenk heraus. Es ist so groß wie Jola und hat eine Art Propeller.

»Ein Ventilator!«, rufen die Gespenster.

Jola steckt das Stromkabel in eine Steckdose und schon surrt der Ventilator los. Die Gespenster fliegen vor den Ventilator, um sich dann kreischend und juchzend durch den Raum wirbeln zu lassen. Manche machen mehrere Loopings, andere tanzen im Wind, wieder andere sausen im Zickzack durch den Raum. Alle haben Riesenspaß.

Als das kleine Gespenst, das jetzt vor Freude golden schimmert, an Jola vorbeifliegt, ruft Jola ihm zu: »Weißt du, wohin der Weihnachtsmann verschwunden ist?«

Das goldene Gespenst zeigt auf eine Holztür, von der die Farbe abblättert.

Jola geht zur Tür und fasst an die Klinke. Wird sie jetzt endlich den Weihnachtsmann finden? Sie drückt die Klinke nach unten und öffnet die Tür.

24

»Jola! Da bist du ja endlich«, sagt eine vertraute Stimme.

Jola muss im hellen Wohnzimmerlicht blinzeln. Das Wohnzimmer kennt sie. Und sie kennt auch die Leute, die um den Weihnachtsbaum versammelt sind: Mama, Papa, Opa Plum und Oma Pudding.

»Ihr seid aber keine Gespenster, oder?«, fragt Jola und stupst ihren Papa zur Sicherheit in den Bauch.

»Alles echt«, sagt Papa und versucht, den Bauch einzuziehen.

»Wo warst du denn?«, fragt Oma Pudding.

»Wir haben in der ganzen Wohnung nach dir gesucht«, sagt Opa Plum.

»Und wieso hast du einen Wischmopp in der Hand?«, fragt Papa.

»Und einen Tannenzapfen im Haar?«, fragt Mama und zieht ihn vorsichtig aus Jolas Haaren.

»Der ist von den Trollen. Ein Troll-Lockenwickler ist das«, plappert Jola los. »Und den Wischmopp habe ich einem Zauberer geborgt, der seinen Zauberstab damit wieder herbeizaubern wollte, mit der Klobürste hat das

nämlich schon nicht geklappt, wisst ihr. Und als Nasen-
bohrer für den kleinen Drachen war der Mopp auch super
und als Hexenbesen sowieso und bei den Nixen, da habe
ich …«

Mama und Papa ziehen die Augenbrauen hoch. Oma
Pudding verzieht keine Miene und steckt sich einen ihrer
buckelharten Kekse in den Mund. Opa Plum hört auf-
merksam zu und nickt ab und zu.

Plötzlich poltert es im Hausflur, als würde jemand
vom Dachboden alle Stufen bis ganz nach unten herun-
terpurzeln. Ein paar Sekunden ist es vollkommen still,
dann klopft es an der Wohnungstür. Jola stürmt zur Tür
und reißt sie auf. Davor steht der Weihnachtsmann.

»Du hast es geschafft!«, sagt Jola. »Ich hatte schon
Angst, du findest den Weg nicht, und wollte dich abho-
len.«

Der Weihnachtsmann nickt und folgt Jola ins Wohnzimmer. Er stellt seinen Sack neben dem Weihnachtsbaum ab.

Alle sehen den Weihnachtsmann erwartungsvoll an.
Doch er sagt nichts.

»Möchtest du vielleicht etwas trinken, bevor du anfängst, Weihnachtsmann?«, fragt Jolas Mama.

»Eh, eh«, macht der Weihnachtsmann und
schüttelt den Kopf.

»Herzlich willkommen und hallo erst
mal«, sagt Opa Plum.

»Hulu«, erwidert der Weihnachtsmann. Dann sagt er wieder eine ganze Weile nichts.

»Ähm … hattest du eine gute Reise?«, fragt Jolas Papa.

»Hing ho«, antwortet der Weihnachtsmann.

Jolas Mama streckt dem Weihnachtsmann das Ohr entgegen, in der Hoffnung, ihn so besser verstehen zu können. Jolas Papa runzelt die Stirn. Oma Pudding verzieht keine Miene und kaut auf dem Weihnachtsplätzchen.

»Der Weihnachtsmann ist aber dieses Jahr ganz schön schweigsam«, flüstert Opa Plum Jola zu.

Da fällt Jola etwas ein. Sie greift in ihre Hosentasche. »Hier«, sagt sie und reicht dem Weihnachtsmann ein Gebiss. »Hat mir die Zahnfee für dich mitgegeben.«

»Hein Hebiss!«, ruft der Weihnachtsmann, steckt sich die falschen Zähne schnell in den Mund und strahlt. »Ach, wunderbar! Vielen Dank.« Er zwinkert Jola zu.

Jola zwinkert zurück.

Während Jolas Mama und Papa sich noch fragend ansehen, holt der Weihnachtsmann ein Glöckchen aus seinem Mantel, lässt es läuten und ruft: »Fantastische Weihnachten!«